植草学園ブックス
特別支援シリーズ7

「各教科等を合わせた指導」エッセンシャルブック

子ども主体の学校生活と確かな学びを実現する『リアルの教育学』

■名古屋 恒彦 著

「各教科等を合わせた指導」エッセンシャルブック

子ども主体の学校生活と確かな学びを実現する
「リアルの教育学」

まえがき

現在、「各教科等を合わせた指導」への関心が高まっています。

インクルーシブ教育システムの構築が進む時代状況の中で、知的障害教育における独自の指導法として発展してきた「各教科等を合わせた指導」が、今後どのようにあるべきかは、大きな関心事です。

言うまでもなく、インクルーシブ教育システムの構築は、国際的な動向であり、我が国もその理念に賛同し、特別支援教育のみならず学校教育全体の見直しを進めているところです。このような大きな動きが起こっている場合、ともすればそれは一つひとつの実践現場には無縁のようにも思われてしまうこともあります。しかし、ことインクルーシブ教育システムの構築に関しては、今や子どもと教師が営む日常の授業のあり方を問い返すという、現実的な視点をもって実践現場に大きな影響を与えるに至っています。

そのような状況下で、現場では今日的な動向を踏まえた「各教科等を合わせた指導」への問いが、日々生まれています。その問いのいくつかに答えられないかと考え、本書を作成しました。

本書の構成は、次のようです。

「I　新学習指導要領時代の授業づくり」では、二〇一七年から公示された特別支援学校学習指導要領のキーワードである「主体的・対話的で深い学び」を中心に検討し、特別支援教育、とりわけ知的障害教育の授業づくりのあり方を考えます。

「II　歴史から考える『各教科等を合わせた指導』」では、「各教科等を合わせた指導」の成立期から今日までを歴史的に展望します。歴史をたどりながら、「各教科等を合わせた指導」が行われるようになった理由、そして、実践の経過の中で醸成され、大切にされてきた考え方などを述べます。

「III　『各教科等を合わせた指導』でテーマのある学校生活に」では、「各教科等を合わせた指導」が子ども主体の学校生活をつくり出すために、大切な「テーマ」のあり方を述べます。

「IV　小中高の各ライフステージに即した『各教科等を合わせた指導』のあり方」では、ライフステージごとに「各教科等を合わせた指導」をどのように展開すればよいかを述べます。

「V　『各教科等を合わせた指導』の学習評価」では、今日、特に高い関心をもって議論されている「各教科等を合わせた指導」における学習評価のあり方を考えます。

「Ⅵ　『リアルの教育学』～まとめにかえて～」では、「各教科等を合わせた指導」を構想する上での考え方として、筆者が最近、構想している「リアルの教育学」について提案します。

書名のエッセンシャル（essential）は「本質的要素」「主要点」という意味です。筆者自身が、今、「各教科等を合わせた指導」を実践する上で、どうしても必要と思うことをコンパクトにまとめてみました。

「各教科等を合わせた指導」が、これからの知的障害教育を拓く力をもっていることを読者のみなさまと分かち合うことができれば、望外の喜びです。

二〇一九年六月

名古屋恒彦

目次

Ⅵ 「リアルの教育学」～まとめにかえて～ 137

I

新学習指導要領時代の授業づくり

1 新しい課題に向き合う時代

二〇一七年四月、特別支援学校幼稚部教育要領及び特別支援学校小学部・中学部学習指導要領が、そして二〇一九年二月には、高等部学習指導要領（以下、一括して「特支新指導要領」）が公示されました。

特支新指導要領は、通常の教育の指導要領の大きな変革を踏まえて改訂されたもので、特に知的障害教育には大きな変化が見られます。

「社会に開かれた教育課程」「育成を目指す資質・能力」「主体的・対話的で深い学び」「カリキュラム・マネジメント」といった重要なキーワードに基づく新指導要領は、特支新指導要領に限らず、通常の教育においても、各教科等の示し方を大きく転換した他、指導方法や評価にも踏み込んだ現場目線のアクティブなものとなっています。どの学校種でも、新指導要領は、新しい教育をつくり出すという使命を提示するという意味で、大きなチャレンジということができます。

では、知的障害教育ではこの変化をどう受け止めるのか、が喫緊の課題です。

結論的には、これまで大切にしてきた知的障害教育の本質とその具体化である実践がますます充実する方向を示したものとみることができます。

本章では、このことを、特に指導法にかかわるキーワードである「主体的・対話的で深い学び」との関係から、特別支援教育の授業づくり、そして知的障害教育の授業づくりについて考えていきます。

2 「主体的・対話的で深い学び」とは

「主体的・対話的で深い学び」にかかわって、「教育課程企画特別部会　論点整理」(中央教育審議会初等中等教育分科会教育課程部会教育課程企画特別部会、二〇一五年　以下、「論点整理」)では、次のように述べられています。以下少し長いですが、そのまま引用します。

ⅰ）習得・活用・探究という学習プロセスの中で、問題発見・解決を念頭に置いた深い学びの過程が実現できているかどうか。
　新しい知識や技能を習得したり、それを実際に活用して、問題解決に向けた探究活動を行ったりする中で、資質・能力の三つの柱に示す力が総合的に活用・発揮される場面が設定されることが重要である。教員はこのプロセスの中で、教える場面と、子供たちに思考・判断・表現させる場面を効果的に設計し関連させながら指導していくことが求められる。

ⅱ）他者との協働や外界との相互作用を通じて、自らの考えを広げ深める、対話的な学びの過程が実現できているかどうか。
　身に付けた知識や技能を定着させるとともに、物事の多面的で深い理解に至るためには、多様な表現を通じて、教師と子供や、子供同士が対話し、それによって思考を広げ深めていくことが求められる。こうした観点から、前回改訂における各教科等を貫く改善の視点である言語活動の充実も、引き続き重要である。

ⅲ）子供たちが見通しを持って粘り強く取り組み、自らの学習活動を振り返って次につなげる、主体的な学びの過程が実現できているかどうか。

子供自身が興味を持って積極的に取り組むとともに、学習活動を自ら振り返り意味付けたり、獲得された知識・技能や育成された資質・能力を自覚したり、共有したりすることが重要である。子供の学びに向かう力を刺激するためには、実社会や実生活に関わる主題に関する学習を積極的に取り入れていくことや、前回改訂で重視された体験活動の充実を図り、その成果を振り返って次の学びにつなげていくことなども引き続き重要である。」

以上の引用から、「深い学び」「対話的な学び」「主体的な学び」が、「育成を目指す資質・能力」である「知識及び技能」「思考力・判断力・表現力等」「学びに向かう力、人間性等」の三つの柱の習得を図る重要な概念であることが読み取れます。

以下、論点整理に即して、一つひとつを考えていきます。

3 「深い学び」と授業づくり

「深い学び」については、「習得・活用・探究という学習プロセスの中で、問題発見・解決を念頭に置いた深い学びの過程が実現できているかどうか」が問われています。

「習得・活用・探究」というプロセスは、通常の教育における授業研究や学習過程研究の知見です。このようなプロセスが強調される背景には、一九六〇年代以降のいわゆる「詰め込み教育」への反省があります。ただ単に知識・技能を覚え、身につけていくだけでなく、それを活用し、自ら深めていけるような、生きた知識・技能としていくことが求められています。

暗記等に代表される「詰め込み教育」への反省が、「深い学び」には反映されています。このような反省は、教育の歴史をひもといても見出されます。長く訓練・暗記を中心にしてきた欧米の教育において、古くはヘルバルトが、一九世紀末にはデューイが、そして多くの教育学者たちが、それぞれの立場からこの状況を問題視し、解決の方途を探ってきました。近代教育学の発展過程が、戦後の日本の教育にも相似形をなしてたどられているとみることもできます。

特に戦後の日本の教育においては、「詰め込み教育」は、受験競争等さまざまな弊害も生み出してきました。その苦い過去を踏まえているだけに、「深い学び」の実現は、新指導要領が取り組むべき大きな課題と言えます。

振り返って特別支援教育においても、特に一九六〇年代を中心に、生活の自立を目指して時に厳しい訓練がなされてきました。それは、子どもの将来の幸せを願って行われてきたことではありましたが、結果として子どもを学校において受け身的な存在に置くことになりました。ですから、特別支援教育においては、「習得・活用・探究」という学習プロセスを踏まえた生き生きとした学習は、教育全体が抱えてきた課題に特別支援教育独自の反省を加え、いっそう充実してしかるべきです。

一方、特別支援教育においては、前述の訓練的な学習への反省から、一九七〇年代以降、子ども主体の授業づくりの実践が進められてきました。特に知的障害教育では、教科の概念を拡大し、生活の自立に必要な教育内容を教科として再構成しました。教育方法としては、

「各教科等を合わせた指導」を中心として、子どもが実際的な生活に取り組みながら、生きと活動し、自立に必要な力（各教科等）を身につけていく学びが重視されてきました。このこともまた、「深い学び」の具体化と言ってよいと考えます。

「各教科等を合わせた指導」の場合、実際的な活動に取り組み、その活動を成就していく過程で、さまざまな力を身につけていきます。ですから、学習プロセスとしては、必ずしも「習得・活用・探究」の順序を踏んでいません。行き届いた支援の中で力を活用し、テーマに沿った生活を深め（探究）、その過程でその力をより確かなものとしていく（習得）というプロセスを描いています。このことは、知的障害教育の学習プロセスの独自性とみることができます。通常の教育の知見の中から導かれた「習得・活用・探究」との順序性の違いという表面的な問題に拘泥せず、学びの多様性の中で、本質的な一致として尊重されてしかるべきと考えます。

もちろん、知的障害教育においても、教科別の指導を行う場合等、通常の教育の知見である「習得・活用・探究」を踏まえた学習で、より充実した学習を展開できる場合もあります。独自性を踏まえ、普遍の課題にも取り組んでいくことになります。このことは、知的障害教育以外の特別支援教育においても言えることと考えます。それぞれの教育伝統の中での独自性を踏まえ、通常の教育と相通ずる部分はしっかりと押さえ、「深い学び」の豊かな展開を図っていかれればと考えます。そのような豊かさ、多様さが、通常の教育にも良い影響を与えることができればと願います。

④「対話的な学び」と授業づくり

「対話的な学び」については、「他者との協働や外界との相互作用を通じて、自らの考えを広げ深める、対話的な学びの過程が実現できているかどうか」が問われています。

この問題意識もまた、通常の教育における授業への反省から導かれています。筆者自身も「詰め込み教育」を児童生徒の立場から経験してきた生き証人ではありますが、座学中心、教師からの教授中心の学習形態は、どうしても受け身的な学習にならざるを得ません。「詰め込み教育」の方法論上の克服として「対話的な学び」は具体的なアクションを伴う提案です。

「詰め込み教育」が問題とされていた一九六〇年代、一九七〇年代においても、民間教育団体等が提案する協働的な学びは存在していました。またさらに遡れば、我が国では大正期より、協働的な学びが成果を上げていました。しかし、「詰め込み教育」の現実がそのような努力や伝統にもかかわらず、「対話的な学び」という点で課題を有していたことは否定できません。

その意味で、新指導要領による授業では、「対話的な学び」を具体化していく努力は不可欠です。

今日、小学校や中学校の授業では、ペアワーク、グループワークなど、多様な学びの形態が実践され、成果を上げています。大学のゼミでの討論の活発化は、そのよい実りであると実感しています。

しかし、「対話的な学び」を実践する上で、留意すべきこともあると考えます。それは、「対話的」という言葉が、「人と人とが話し合う」というような表面的な行為に矮小化されないようにということです。「対話が大事」ということで、グループワークよりもペアワークが重視されるということもあるように聞いています。

知的障害教育においても、生活単元学習や作業学習において、話し合い活動を多く取り入れるようになった実践を目にしたことがあります。本当に必要な話し合いなのか、子どものニーズや様子に合った活動なのか、と考えてしまいます。

もとより、いたずらに教師主導で、教師が全てをお膳立てして子どもは活動するだけというような生活単元学習や作業学習もありがちです。そのような授業では、子どもたちが話し合う場面（話し合うべき場面）が不当にカットされているのであり、話し合い活動を増やす（というよりも本来の姿に戻す）ことは必要です。しかし、表面的に「対話的な学び」をとらえ、不自然にその種の活動を増やすことには賛成しかねます。自然で実際的な活動を組織してこそ、生きた力は発揮できますので、注意したいところです。

また、作業学習等で、黙々と働いている姿があります。この姿の中には、いわゆる言葉による「対話」はほとんど見られません。しかし、作業学習がよりよく展開されていれば、この黙々と働く姿の中にも、質の高い「対話」が実現しているのです。たとえ言葉はなくても、同じ目標を目指し、互いを意識し、支え合いながら仕事を進める姿に、本質的な「対話」を認めるべきと考えます。

もう一つ留意すべきことがあります。それは、論点整理の中に「他者との協働や外界との相互作用を通じて、自らの考えを広げ深める」とされていることです。この表現は、「対話的な学び」の本質を見事に言い表しているということができます。つまり、「対話」というのは、人と人との間で成立するだけではなく「外界」、すなわち、子どもを取り巻く環境全体との間で成立するということです。ですから、その中には人はもちろん、教科書等の教材や教室環境、生活する地域などでのさまざまな経験も含まれるのです。さまざまな外界とのやり取りを通して学び、成長していくことが「対話的な学び」とされているのです。子どもの学びが充実するための学習環境の充実は、「対話的な学び」を実現する上で最優先されるべきことと考えます。

特別支援教育では、どの障害種においても、教材・教具が充実しています。それは、子どもが外界に働きかけ、学びを深めていくという点において、特別支援教育が有する「対話的な学び」の大きな研究業績と言えます。これらのいっそうの充実が、「対話的な学び」の充実につながります。

知的障害教育の実践論として、後述しますように、筆者の恩師である小出進先生が一九七〇年代に提起された「できる状況づくり」論があります。これは、周囲の状況を整えることで、子どもの力の発揮を支えるものであり、「対話的な学び」の実現を図るという点においても、今後いっそう大切にされるべき論です。

「できる状況」の下で、よりよくできる姿を子どもが示すとき、そこには、「できる状況」と子どもとの確かな対話が成立していると言ってよいでしょう。

5「主体的な学び」と授業づくり

「主体的な学び」については、「子供たちが見通しを持って粘り強く取り組み、自らの学習活動を振り返って次につなげる、主体的な学びの過程が実現できているかどうか」が問われています。

前述のように、特別支援教育、とりわけ知的障害教育では一九七〇年代以降、子ども主体の授業づくりに取り組んできました。「主体的な学び」は、特別支援教育の実践伝統に合致するものと見ることができます。新指導要領を追い風とし、各障害種の実践において、子どもも主体の授業づくりのいっそうの充実が期待されます。

論点整理では、「子供の学びに向かう力を刺激するため」に、「実社会や実生活に関わる主題に関する学習を積極的に取り入れていくこと」、そして、「体験活動の充実」が述べられています。特別支援教育の授業では、どの障害種においても、実生活での自立を目指し、実際的な場面での学習が重視されてきました。この伝統も新指導要領に合致するものと言えます。

一方で、実社会での自立を急ぐあまり、教師主導の厳しい訓練的な実践に陥り、子どもから主体性を奪った過去も、特別支援教育は有しています。その過ちを繰り返すことはできません。また、明確な目標不在のまま、ただ単に体験すればよし、実社会で学べばよしというようなことにもならないようにしなければなりません。そのようなことにならないように、実社会や実生活に関わる主題も体験活動も、「主体的な学び」と一体的に理解し、実践していくことが必要です。

論点整理では、「子供自身が興味を持って積極的に取り組むとともに、学習活動を自ら振り返り意味付けたり、獲得された知識・技能や育成された資質・能力を自覚したり、共有したりすることが重要である」とも言われています。このことは、子どもが学習活動自体に主体的に取り組むことのみならず、その取り組みをしっかりふり返り、活動の過程において知識・技能等を自覚的に活用してきたことを自覚し、それを次の学習や生活に生かしていく、あるいは発展させていくことが期待されていると考えます。「主体的な学び」は、現在の学びのありようを示すと共に、将来へのさらなる「主体的な学び」へと発展していくことが期待されているのではないでしょうか。

「主体的な学び」を日々積み重ね、将来における主体的な生活の実現を図っていくことが期待されているとすれば、教師には、学校における学びを「主体的な学び」としていくと共に、その学びが確かに発展していくことも見通すことが求められます。

子どもの活動としては、今の自身の活動をしっかりとふり返り、そこでの知識・技能等の発揮や主体性を、次の学習にも意欲的に発揮していくことが求められます。

ところで、このような「主体的な学び」を実現するため、授業における「ふり返り」というとの重要性も指摘されるところです。指導案の展開の終末に「ふり返り」が位置付けられ、そこでのふり返りのありようが検討されます。しかし、このような実践研究では、ともすれば、話し合い活動や発表などの形式的な側面ばかりが強調されるようなきらいがないか、懸念されます。

話し合い活動や発表の方法がさまざま工夫されることで、授業としての新しい可能性が開かれることを否定するものではありませんが、ふり返りの本質が、「主体的な学び」の確かな自覚と次への発展であることを見落としてはならないと考えます。

知的障害教育における「各教科等を合わせた指導」では、終わりの会やまとめの時間をあえて設けず、自然な形で活動を終えることがあります。たとえば、プレイルームで思いっきり遊んで時間になったらそれぞれに教室に戻る遊びの指導や、作業終了時間になったら持ち場や作業室の掃除をして教室に戻る作業学習などです。

このような授業展開は、締まりのないものと見られることがありますが、思いっきり遊んだ子ども、精いっぱい働いた生徒には、自ずとその中に確かな満足感・成就感、あるいは手応えというべきものが存在しています。そのありのままの満足感・成就感や手応えにこそ、リアルなふり返りが存在している場合があります。

また、たとえ遊び終えてそれぞれに教室に戻るとしても、帰りながら「今日も楽しかったね」「Aさん、工夫していたね」といった子どもと教師の自然な語らいから（それは時に教師からの一方的な語りかけであっても）、他者評価も含めた自然なふり返りが実現できます。作業学習においても、掃除をしながら「販売会まであと少しだね」「今日は目標よりたくさんできたね」など、生徒と教師が語り合う中で、やはり自然なふり返り、そして次の授業への期待感の醸成がなされます。

ふり返りは、「主体的な学び」には確かに不可欠ですが、そのありようは多様です。「ふり返り」という言葉を字義通りにとらえ、形式的に固定化せず、多様で豊かな実践が、特別支援教育のみならず、学校教育全体で生まれてくれればと願います。

6 多様で豊かな実践の展開を

以上、論点整理を手がかりにして、これからの特別支援教育の授業づくりについて、「主体的・対話的で深い学び」との関係から考えてきました。新指導要領は、「主体的・対話的で深い学び」のみならず、さまざまな新しい指針を教育現場に与えています。

そのことは、現場に不安や負担をもたらす向きもないではないと思います。しかし、新指導要領は、あるべき方向を示しつつも、決して現場を縛るのではなく、自由で多様な実践の展開を保証してくれているものと読めます。

さまざまな実践が互いに他を排除するのではなく、新指導要領の理念を踏まえ、それぞれの実践伝統の中で、その具体化を目指していけば、多様で豊かな学校教育が実現できるのではないでしょうか。

そのような思いで、新指導要領を読み、授業づくりをしていかれればと考えます。

そして、新指導要領の理念ないし、心は、「各教科等を合わせた指導」を豊かに実践していくことにおいて、具体化できると考える、これが本書のスタンスです。

II

歴史から考える
「各教科等を合わせた指導」

1 なぜ、「各教科等を合わせた指導」？

ここまで、新指導要領の理念や心を概観しつつ、「各教科等を合わせた指導」の魅力を述べてきました。

新指導要領は、通常の教育、特別支援教育を問わず、多様で新しい実践が生まれてくることを期待していると筆者は見ています。そう考えると、「各教科等を合わせた指導」もまた、多様な実践の中に存在価値を確かにできると思います。しかし、そうは言っても、実践現場では、今でも、「各教科等を合わせた指導」が、既存の教科別の学習形態とのビジュアルな違いの大きさゆえに、違和感をもって見られることがあるのではないでしょうか。

多様で豊かな実践を認めつつも、やはり違和感を感じてしまう、ということは、それだけ「各教科等を合わせた指導」の多様性の振れ幅が大きいということかもしれません。そして、筆者は、そのような違和感を感じてしまう現実は、あってよいことと思っています。いくら新指導要領時代と言っても、これまでの学校のイメージからすれば、その違和感は当然だと思います（筆者も学生時代、生活単元学習に出会い、そう思いました）し、そこから、「なぜ、『各教科等を合わせた指導』？」という問いが生まれることを期待するからです。

この問いへの答えは、いろいろな切り口から出すことが可能かと思いますが、以下では、かつて筆者自身がたどった、「各教科等を合わせた指導」の源流を遡る視点、つまり歴史的な視点から考えてみます。詳しくは、『知的障害教育方法史　生活中心教育戦後五〇年』（名古屋著、一九九六年、大揚社）、『テーマのある学校生活づくり―子ども主体の特別支援教育』（山形県立米沢養護学校編著、二〇〇八年、コレール社）をご参照ください。

2「各教科等を合わせた指導」の成立過程

(1)「水増し教育」からのスタート

一九四七年の学校教育法施行以来、今日まで知的障害教育では、さまざまな紆余曲折を経てはいますが、ほぼ一貫して、生活単元学習等の「各教科等を合わせた指導」、子ども本来の生活を大切にした教育活動が大きく位置づけられ、展開されてきました。

もちろん、学校教育法施行当時、つまり戦後当初には、「各教科等を合わせた指導」という言葉は存在していませんでしたが、アメリカ経験主義教育の影響を受けた教育現場では、「コア・カリキュラム」「生活単元学習」といった言葉が、通常の教育、知的障害教育を問わず流布してはいました。

しかし、戦後当初の知的障害教育の現場では、生活単元学習等は決して今日のように、大きな位置づけをもっていたわけではありませんでした。戦争が終わって最初の時期には、知的障害教育の場でも、通常の教育と同様に、教科別に行う授業が中心的な指導の形態として実践されていました。

こう言いますと、いわゆる「教科別の指導」かな、と思いますが、今日の知的障害教育で行われている「教科別の指導」とは大きく異なるものであったのです。当時、教科別に行われていた授業は、とにかく、知的障害のある子どもたちに、通常の教育の生活年齢相当学年で教えられる教科の内容を教えていこうというものでした。けれども、その目標は、容易には達せられませんでした。そこで、教科の初歩の内容まで遡って、その子たちに分かる内容を教えていこうと考えられました。これは「水増し教育」と言われるものです。

(2) 新しい教育目標の模索

ところが、この「水増し教育」という指導には、重大な欠陥があることがすぐに、現場の実践者たちに理解されました。仮に、義務教育九年間で「水増し教育」を丹念に行っても、そこで達成される教育目標は、「知的能力相当の教科の内容の習得」です。そして、九年間の学校生活を終えれば、子どもたちは社会に出ていくことになります。けれども、子どもたちを迎える社会は、おそらく日本の近現代の中で、最も劣悪で困難な状況をもつ戦後混乱期の社会でした。知的障害のある子どもたちに、習得可能な教科の内容は、多くの場合、おそらく小学校中学年くらいまでです。その内容だけを力にして、子どもを社会に送り出してよいものでしょうか。もしそれでよいなら、義務教育はそもそも九年間も必要がないはずでもあります。

実践者は、戦後の困難な社会に子どもを送り出すにあたって、学校教育はいったい何を求めてきたのか、本当に子どもに最適な教育をし得たのかを、真剣に問われることになりました。この問いの答えは、「ノー」でした。どんなにがんばっても教えることができ、身につけることができる教科の内容には限界があります。それだけでなく、その内容の多くは、あくまでも教科書にあるような教科の初歩的内容でした。極めて過酷な社会生活を生き抜いていく力につながる内容であるはずがありません。しかも、それらを最大限身につけても、小学校の教育課程の途中で終わるのですから、義務教育年限における通常の教育の目標すら達成していないことになります。

この極めて厳しい現実に、実践者たちは直面せざるを得なかったのです。いったいどこが間違っていたのか？　それは、煎じ詰めて考えれば、「知的障害のある子どもたちのために」という、子どもの様子と、子どもが生きる実生活を見据えた現実的な教育目標を、実践者たちが考えていなかったことにあります。「知的能力相当の教科の内容の習得」という目標は、通常の教育の固定的な授業にとらわれた目標であり、子どもが真に求める教育目標との距離は大きかったのです。

そこで、実践者たちは、子どもの様子と生活を見据えた目標論を模索します。そこで到達したのが、「子どもの実生活での自立」「社会自立」という目標論でした。知的障害のある子どもたちが、社会の中で、生活の主体者として確かにいるべき場所を得ること、それが教育目標「自立」でした。自分らしく、社会の中で、生活者として確かに位置づけるために追究されたのが、この教育目標「自立」であったのです。

この目標は、現実的な実社会を明確に意識していましたので、そこでイメージされる子どもの姿も具体的でした。当時は比較的障害の軽い子どもが教育の対象とされていましたので、そこでは、その子たちに合わせて「職業自立」が終局の目標とされました。

いずれにせよ、どこまでも実生活での自立を目標とした教育実践が、ここに開始されたのです。教育目標を明確に見据えたブレのない実践のスタートです。

実生活での自立を目標とする教育では、実生活に直結しない「水増し教育」から離れ、実生活に近づいた教育活動が追究されました。「現実度」の追究という言葉で、子どもの生活活動が大胆に教育活動に採り入れられました（「現実度」の概念については、『わかる！できる！「各教科等を合わせた指導」どの子も本気になれる特別支援教育の授業づくり』（名古屋著、二〇一六年、教育出版）をご参照ください）。

従来の学校教育の下で、「学校だから」と自明のこととされていた教育のさまざまな内容・方法を、子どもと子どもを取り巻く社会に即して見直しました。これまでの学校教育の「当たり前」を疑い、知的障害教育に最適な内容・方法が求められました。

その結果、子どもの生活活動そのままを教育活動として大きく位置づけるようになったのです。そうすることで、子どもが自立的に生き生きと取り組める、子どもと子どもの生活現実に合った教育活動が展開されるようになったのです。

これらの実践の代表格として、生活単元学習が徹底していったのです。この辺の動向は、一九五〇年代を中心に全国的に発展していきます。

学校教育に限らず、どんなことでも「当たり前」を疑うのはたいへん難しいことですが、この教育をつくってきた実践者たちは、あえてそれをしたわけです。それは、子どもを取り巻く大人たちが、「当たり前」にこだわることが、結局子どもを苦しめる結果になることに気づいたからです。

(3) 知的障害教育の教育内容と「水増し教育」

ここまでのまとめ的に、「水増し教育」の概念を、教育内容の量や質という点から考えてみます。この点、筆者は、『特別支援教育「領域・教科を合わせた指導」のＡＢＣ』(名古屋著、二〇一〇年、東洋館出版社)にて詳述しましたのでご参照ください。以下では、その中から特に「水増し」という言葉に注目して説明をしてみます。

「水増し教育」では、基本的に教育内容は通常の教育の小学校の教科の内容と同じです。その内容は、前述のように多くの場合、小学校中学年くらいまでの内容にとどまります。学習内容の量は、それが限界です。しかし、修学年限は通常の教育と同じですから、学習時間という意味での量は、通常の教育と同じ量になります。そこで、少ない学習内容を水増しして通常の教育と同じ学習時間で学習するという意味で、「水増し教育」と言われました(図の

図 戦後初期の「水増し教育」と知的障害教育の関係(小学校の例)

▶『特別支援教育「領域・教科を合わせた指導」のABC』(名古屋著、2010年、東洋館出版)の図に基づき、説明を改めた

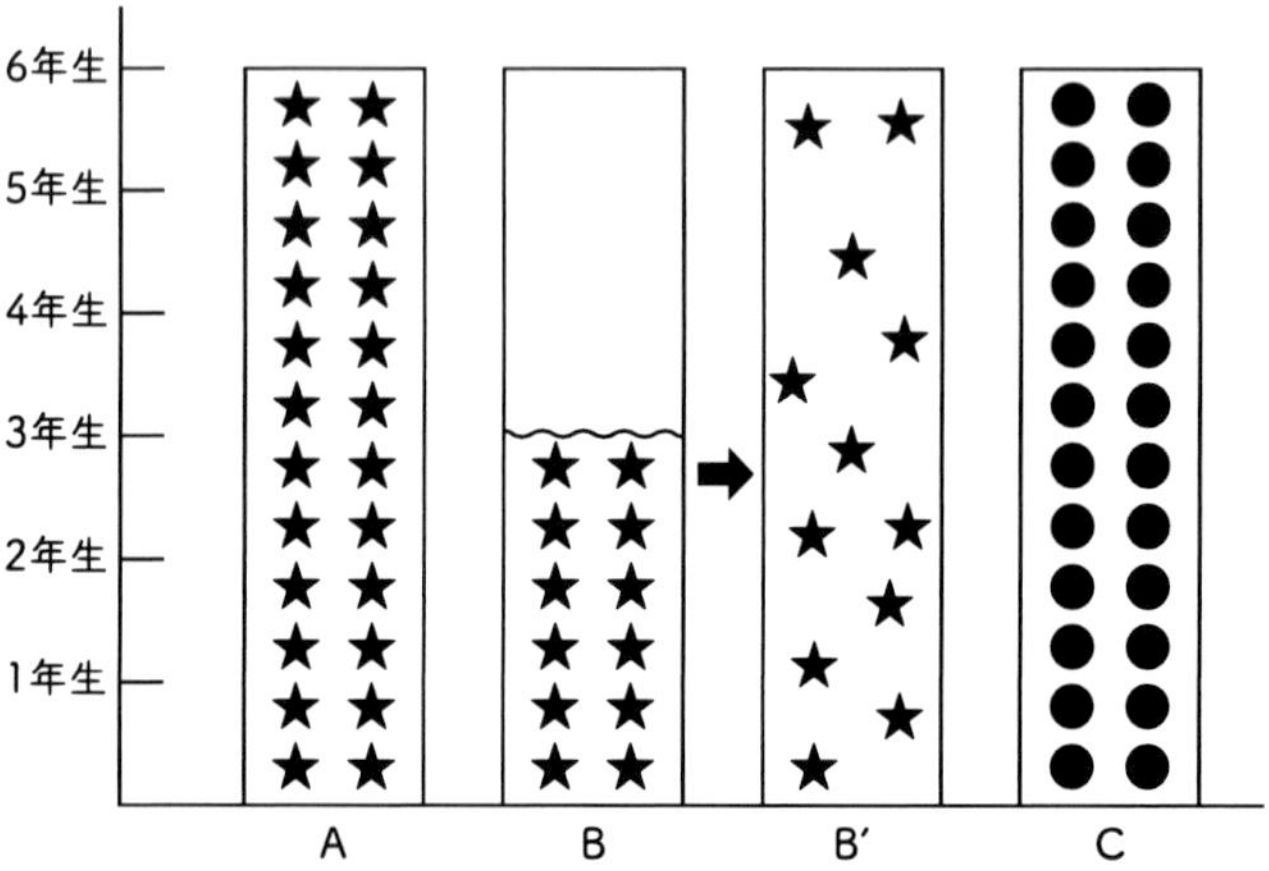

※実践のグラフは小学校6年間の学習時間量を表す。
※グラフ内の★が、戦後当初の通常の教育における教科の内容。
※グラフ内の●が、知的障害教育が採用した、生活に必要な学習内容。
※グラフ内の★または●の数が学習内容量を表す。

Aのグラフは、通常の教育の場合。6年間の学習時間に、教科の内容★が十分に入っている。6年間の学習時間の量の中で、十分な学習内容の量を学ぶことができた状態。グラフの密度が十分なので、中学校以降の学習のしっかりした土台になる。

Bのグラフは、知的障害のある子どもが学ぶことができる通常の教育の学習内容の例。★の数は通常の教育での学習内容の量より少ない。

B′が「水増し教育」のグラフ。学習時間の量(実線のグラフ)はAのグラフ(通常の教育)と同じだが、学習内容の量(★の数)は、Bのグラフの量になる。6年間の学習時間の量は同じだが、学習内容の量が少ない状態。グラフの学習内容の量の密度が薄く(「水増し」)、中学校以降の学習の土台になりにくい。

Cのグラフは、知的障害教育で生活に必要な学習内容を指導した場合。子どもの生活に必要な独自の学習内容の量(●の数)を通常の教育の学習内容の量(Aのグラフの★の数)と同じだけ学んでいるので、グラフの密度は十分であり、その子なりに、中学校以降の学習のしっかりした土台になる。

B′のグラフ）。

ここからわかるように、当時の実践者は、決して手抜きをしていたのではないのです。一生懸命授業をしていた結果が、「水増し教育」となってしまったということです。「水増し教育」という言葉は、どうにも語感の悪い言葉です。「水増し」という言葉には、昔も今もよい意味はありません。ですから、一生懸命している授業に対して、こんな言葉を投げかけるのはたいへん失礼のように思いますが、実はこの言葉は、実践者たちが自らが使っていた言葉であったのです。筆者はそこに当時の実践者の厳しい自己批判・反省と新しい教育への決意を感じ取り、尊敬の念を禁じ得ません。

話を戻しましょう。それに対し、自立という明確な目標を子どもと子どもの生活に即してリアルに設定した新しい授業では、生活の自立を目指し、知的障害のある子どもの修学年限に十分な教育を行える学習内容が精力的に追究されました。その結果、通常の教育の既存の教科から離れ、知的障害のある子どもがその子なりに生活していく中で、実際的に必要とされる内容（生活に必要な内容）が学習内容とされたのです（図のＣのグラフ）。

3 「各教科等を合わせた指導」の転機・後退と再興

(1) 養護学校学習指導要領の制定

こうして、全国的に普及・徹底が図られた生活単元学習等の実践ですが、これが、一九六〇年代になって一つの転機を迎えます。理由はいくつか考えられますが、最も大きな動向として、一九六三年に養護学校学習指導要領が制定されたことがあげられます。学習指導要領制定により、知的障害教育で位置づけを小さくしていた教科が、再び教育課程と実践の場に登場したのです。

特支新指導要領も同様ですが、国の教育課程の基準である指導要領は、知的障害教育でも、各教科等別に、教育内容を示しています。指導要領は教育課程の基準ですから、これに基づいて、各学校は教育課程編成をすることになります。したがって、素直に指導要領を受け止めれば、知的障害教育でも、各教科等別に教育課程を編成し、授業を展開しなければなりません。

そこで、養護学校指導要領制定の段階で、知的障害教育が戦後追究してきた生活単元学習等を中心とする教育課程と、指導要領が採用する学校教育一般の教科による教育課程の基準との間の調整が必要になりました。

そこで、指導要領の各教科等の枠組みを生かしたままで、実際にはこの教育が指導要領制定以前から行ってきた総合的な生活の教育を実践できるように、知的障害教育独自の教育課程論である、教育課程を二重構造で理解する方法が示されるようになりました。つまり、教育課程編成段階では各教科等によって内容は分類・整理するけれども、実際に指導を行う段階では、生活単元学習等による教育を展開する計画を可能にするという二重構造で教育課程を理解したわけです。内容は教科等別に分ける、しかし、指導は教科等別にこだわらない、各教科等に分けない指導を主とする、ということです。

これは、今日でも、学校教育法施行規則第一三〇条の二においても認められた教育課程編成の特例です。

このような教育課程観に立ち、生活単元学習は各教科等を「合わせた指導」という言い方で言われるようになりました。教育課程編成段階で教育内容を各教科等に分けて示しているので、それらを総合する（全部を合わせる）と考えることで、各教科を未分化に含む生活の内容を表現できるようにしたのです。

(2)「自立」が子どもを苦しめ始める

一九五〇年代の知的障害教育では、教育目標「自立」を、「社会自立」「職業自立」といういっそう具体的な目標として、子どもの置かれている現状に即して設定しました。この時期の自立の考え方は、「職業自立」という言葉に代表されるように、一定の社会生活の場を想定しており、極めて実際的であり、その内容も限定的・具体的でした。

このような内容は、当時の子どもたちに合わせて大胆に絞り込まれたものでしたが、一九六〇年代を中心に、次第にこの内容が、固定化し、基準化しました。

その結果として実践の場では、その後の子どもたちの様子の変化や、子どもを取り巻く社会情勢の変化に対応せず、いたずらに、「職業自立」を目標に、固定的な能力の習得を図り、子どもに対し、シゴキや使役的活動を強いることになりました。本来、社会生活の中での主体性を確かにするはずであった自立を目指した教育が、教育の場では、主体性どころか受け身的・隷属的な生活を子どもに強いることになってしまったのです。また、障害の重い子には、「自立不可能」「非自立」の烙印が捺されることになりました。

自立を目指す教育が、かえって子どもを受け身的な存在に追い込んだのは、戦後初期の教育が大切にしてきた、子どもと子どもの生活に合わせて柔軟かつ大胆に教育を構想していく姿勢を失い、教育の目標や進め方を固定化させ、子どもをそれらに合わせようとしたために他なりません。

子どもに合わせて大胆に転換したはずの教育目標「自立」に、今度は、子どもを合わせるという皮肉な事態になってしまったのです。

そして、そのような子どもを苦しめる授業は、まさに生活単元学習や作業学習において行われてしまったのです。教育目標「自立」の本質を見失った結果です。

(3) 自立の本質を見直す

一九七〇年代に入ると、このような実践への批判・反省がなされるようになります。その結果、自立観が次のように改められました。

自立本来の意思的側面を重視し、一定の固定的基準を廃し、どの子にもその子なりの自立的生活があることが確認されたのです。自立の本質の確認です。

そこでは、自立は、子どもの意思的側面である主体性と、その主体性を支える周囲の支援を明確にして、本来の自立があることが確認されたのです。

人は本来、子どもであっても、大人であっても、自分の力だけで自立しているわけではないのです。知らず知らずに周囲から適切な支えを受けているからこそ、自分らしくあれるのです。まして、さまざまな場面で力の発揮を制限されている知的障害のある子どもたちであれば、ますます行き届いた支援をしていくことで、よりその子らしくあれるはずです。

そういう支援を考えずに、教師が必要と考える力を勝手に決めて、いたずらに力をつける教育をしていたことを反省しました。

支援というのは、その人を取り巻く場のありようを考えることも含みます。戦後のこの教育は、通常の教育の既存を模した「水増し教育」を行うこと、つまり学校で「当たり前」となっていた授業をすることでは、その子らしくあれないことを見て取り、その子らしくある生活単元学習等の授業に実践を改めたのです。授業のあり方も子どもの支援条件の有力な一つです。このような支援条件を柔軟に考える視点を戦後初期の実践者たちはつかみ取っていました。

その視点を、自立を目指す教育が思い出したわけです。

さらに言えば、自立ということは、支援の量の多少ではなく、「行き届いた支援」というように支援の質によって規定されます。したがって、自立は、端的に「適切な支援条件下で、自分の力や個性を最大限に発揮してなされる取り組み」と規定することができます。この意味の自立であれば、どの子にも必ず存在し得ます。「自立」と「非自立」という固定的基準の目標観が棄てられたわけです。

また、この新しい自立観に基づく自立であれば、本人にかつてのような受け身的・使役的な努力を求めなくても、周囲の状況を整えさえすれば、すぐに実現できるものと考えられるようになりました。

　このことは、歴史の一コマとして歴史書の中にしまい込むことは許されません。今日の教育においても、十分に留意されるべきことです。たとえば、今日重視されるキャリア教育では、キャリアをライフキャリアとワークキャリアに分けて考えることがあります。日本の場合、進路指導との関連性が大きいせいか、特にワークキャリアに視点があてられがちのように思います。将来の生活（ワーク）に目を向ける教育は、かつての知的障害教育では、子どもの今の生き生きとした（自立した）姿を損なってきました。そのような過ちをキャリア教育が繰り返すことを避けなければなりません。

　話を一九七〇年代にもどしましょう。この新しい自立観に気づいた実践現場では、かつて子どもたちを苦しめていた生活単元学習等が再び、子ども主体の授業として再興されます。障害の軽重にかかわらず、どの子もその子なりに生き生きと活躍する授業づくりが全国各地で展開されるようになります。

　この時期に、知的障害教育発の実践論である「できる状況づくり」論も登場します。

4 「できる状況づくり」

(1) 「できる状況づくり」とは

一九七〇年代中頃、筆者の恩師である小出進先生によって提起されたのが、「できる状況づくり」論です。「できる状況づくり」は、当時、小出進先生が指導をされていた信州大学教育学部附属養護学校、千葉大学教育学部附属養護学校らを中心に実践研究が積み上げられ、全国に発信されました。

両校とも、一九七九年の養護学校義務化による在学児童生徒の障害の重度化という当時の課題に直面していました。子どもを引っ張る授業にならざるを得ない現実に苦慮していました。その中で、小出進先生の指導を受け、子どもを授業に合わせるのではなく、子どもに授業を合わせる、つまり子どもに合った授業、子どもに授業を合わせられれば、子どもがその子なりに活躍できることを見出したのです。

この「できる状況づくり」論が、前述の自立観の変換を導いたとみてもよいでしょう。

自立的・主体的生活を実現するために、一人ひとりに最適な支援的対応をしていくことが求められます。これを「できる状況づくり」と言います。

「できる状況」とは、「精いっぱい取り組める状況と、首尾よく成し遂げられる状況」と定義されます。このできる状況を一人ひとりに適確に用意していくこと、このことが「できる状況づくり」です。その子なりのよい姿が実現するように、です。

決して、子どもに努力を強いて、できる力をつけてできるようにするのではないのです。

ここで、「できる状況」を説明する言い方が、二つの部分からなっていることに注目する必要があります。二つの部分の一つ目は、「精いっぱい取り組める状況」、二つ目は「首尾よく成し遂げられる状況」、この二つが共に満たされて初めて、「できる状況」がつくられたと考えられるのです。

つまり、精いっぱい取り組める活動であっても、結果が首尾よく成し遂げられなければ、満足感・成就感には不足が生じます。逆に首尾よく成し遂げられても、精いっぱい力を発揮できる状況がなければ、やはり満足感・成就感に乏しい、印象の薄い活動になってしまうでしょう。

学校教育では、ともすれば、そのいずれかに陥ってしまうことがあるように思いますが、いかがでしょうか。

精いっぱい取り組める状況と首尾よく成し遂げられる状況があって、初めて主体性を十分に発揮した自立的な生活となるのです。

(2) 子ども観・授業観の変革

できる状況がつくられれば、どの子もその子なりに、力を精いっぱい発揮し、首尾よく成し遂げる、「できる子」になります。したがって、「できる状況づくり」に努めるならば、子どもを見る目も自ずと変わってくることになりました。子どもを「できない子」とは見ないで、「できない状況に置かれがちの子」「できない状況に置かれている子」と見るようになります。

このような子ども観に立てば、子どもは障害の種類や有無・軽重に関わりなく、本来その子なりに「できる子」、ということになります。そう考えると、目の前の子どもはどの子も頼もしい子どもに見えてきます。

と同時に、その子のできる姿を阻む障壁も見えてきて、この障壁の解消とさらなるできる状況をつくることに、授業づくりのモチベーションが高まります。このことは授業観の変革にもつながります。子どもを変える授業から、周囲の状況を変える授業への転換です。

(3)「できる状況づくり」と子ども主体の学校生活づくり

教育目標「自立」は、その子なりの主体性に根ざした自立を、学校外の社会や家庭生活等、そして学校卒業後の将来の生活においてだけではなく、まず、学校での現在の生活において実現すべきものとして理解されるようになりました。そのような、現在の自立的・主体的生活を積み重ね、そして自然に学校外の生活や学校卒業後の生活での自立的生活へ発展し、連続していくことを目指すようになりました。

自立的・主体的生活とは、具体的には、どのような生活でしょうか。一九九〇年代に、千葉大学教育学部附属養護学校では、それを次の三点に要約しています。

①確かな目当て・見通しをもち、仲間とテーマを共有できる生活
②一人ひとりが、自分の力で活動し、仲間とともに取り組める生活
③存分に活動し、大きな満足感・成就感を分かち合える生活

つまり、生活に明確なテーマがあり、そのテーマに沿った活動に自分の力を発揮して取り組め、それをやり遂げた満足感・成就感をもてる、しかも、それは学校生活という社会の中で、仲間と共に取り組まれる生活です。こういう生活が自立的・主体的生活であり、いわば質の高い生活であることになります。私たちの私生活での質の高い生活というのも、この三点を満たしているものではないでしょうか。

この三点を満たすために、「できる状況づくり」に努めます。その努力が、子ども主体の学校生活を実現します。こう考えれば、学校生活づくりという大きな営み自体が、「できる状況づくり」なのであるということもできます。

このように、さまざまな観点から自立観をブラッシュアップし、「できる状況づくり」をしていく努力が、知的障害教育の歴史的経過の中で、現場で生々しく営まれてきました。そのような営みの中核に位置する授業が、「各教科等を合わせた指導」と考えられるに至っています。

今日、新指導要領の下、子どもの主体性や、まとまりのある学校生活の重要性が指摘されています。そのような時代状況の中で、「各教科等を合わせた指導」の必要性は、いっそう高まっていると考えることができます。

Ⅲ

「各教科等を合わせた指導」でテーマのある学校生活に

1 テーマのある生活でやりがいと手応えを

「各教科等を合わせた指導」の中でも、生活単元学習、作業学習、遊びの指導のテーマは、子どもが学校生活を楽しみにする大きな原動力になります。作業学習で、単元「駅で販売会をしよう」というテーマに取り組んでいれば、販売会の成功を目指して、生徒は張りきって登校してきます。一般のお客様への販売ですので緊張感が伴い、時には逃げ出したくなることもあるかもしれません。それでも、そのテーマに向かっていく。それは、そのテーマが魅力的で本物の生活のテーマだからです。

このようなテーマの下での生活で発揮される力は、本物の力、生きた力（コンピテンシー）として確かな力となっていきます。

筆者の恩師である小出進先生は、「今日に満足し、明日を楽しみに待つ生活」の大切さを常々教えてくださっていました。テーマに向かって本気で取り組む生活でこそ、「今日に満足し、明日を楽しみに待つ生活」が実現できます。

学校生活にテーマがあれば、子どもは学校生活に見通しをもちやすくなります。さらにそのテーマが、子どもにとって魅力があり、テーマに沿ってやるべきことがはっきりしていれば、その生活は、とても主体的な生活になることが期待できます。

また、テーマに沿った活動は、それぞれに関連性があり、まとまりのあるわかりやすい活動にもなります。これは、今日言われるカリキュラム・マネジメントに通じることです。「各教科等を合わせた指導」を学校生活に大きく位置づけると、単元のテーマの実現こそが、その時期の子ども主体の生活の実現になります。それは、「各教科等を合わせた指導」が目標とする自立的・主体的生活を一人ひとりに実現することでもあります。テーマの質は、単元の目標の質を決めるといっても過言ではありません。

そこで、以下に「各教科等を合わせた指導」（特に生活単元学習、作業学習、遊びの指導）でのテーマ設定にあたって大事にしたいポイントをあげます。以下、本章でのこれらのポイント等を含む内容は、『特別支援教育「領域・教科を合わせた指導」のＡＢＣ』（名古屋著、二〇一〇年、東洋館出版社）でも述べたものを今日的視点から再検討したものです。

2 子ども主体のテーマとは

(1) 子どもの思いに即したテーマ設定

子どもが主体的に取り組める生活のテーマは、子どもが楽しみにし、期待するテーマでなくてはなりません。そのためには、その時期の子どもの興味や関心などに即したテーマ、子どもの思いに即したテーマである必要があります。

子どもの興味・関心や、それまでの生活での取り組みの様子、流行など今の子どもの生活で起こっていることなどを踏まえ、「これなら！」と思える活動を構想します。

子どもの思いに即しているということは、必ずしも、子ども自身が「これをしたい」と意思表示してきたことであるとは限りません。子どもが求めてきたからといって、本当にそれが子どもにとってよい生活につながるテーマかを見極めることは教師の大事な役割です。たとえば、高等部の生徒たちも実は遊びが大好きです。小学部の遊び場などで休み時間に遊んでいる高等部生徒は生き生きとしているものです。しかし、生活の中心となるテーマでは、青年らしく生き生きとした姿を期待したいと教師は願います。そこで、作業学習の働く活動をテーマにします。販売会を目指して作業に汗を流す生徒もまた生き生きとしたすばらしい存在になります。思いに沿う生活も多様ですが、生活年齢を踏まえたものがこの場合は求められているわけです。生活年齢に関しては、特支新指導要領でも強調されている大事な点です。

また、障害が重いと言われている子どもの場合は、意思表示が（あるいは意思表示を把握することが）難しい場合があります。そういう子どもの思いをくみ取って教師が単元のテーマを設定することが実際には多くなります。

ところで、「障害が重い子どもは意思がわかりにくい」ということに納得される方は少なくないと思いますが、では、障害が軽いと言われる子どもの思いはわかりやすい、と言えるものでしょうか。特別支援教育に携わる我々教師は、つい障害が重いと言われる子どもへの対応に課題をもちがちですが、障害の軽重や有無を問わず、人の心がそう簡単にわかるとは言えないのがリアルな現実です。詰まるところは、障害の軽重や有無にかかわらず、教師が子どもの心にどれだけ添えるかによって、子どもの思いへの理解には差が生じてくるのではないでしょうか。

(2) 子ども理解のためには、共に活動して

子どもをよりよく理解する、一般には「実態把握」という大げさであまり語感のよくない言葉でいわれることです。「実態」という言葉をインターネットで検索してみますと、ニュートラルなものもありますが、課題を明らかにする場合が多く見られます。よい姿を明らかにするという視点での「実態」という言葉の使用は、あまり見かけません。多くは地域や分野、人の場合も集団というように、集合的なものについて「実態」という言葉が使われているようです。しかし、特別支援教育では、「A児の実態」というように、個人について使われることが多いため、その大げささにドキっとしてしまいます。

筆者はこの「実態」という言葉が大げさであるということを、学生時代に小出進先生から学びましたが、以来、この言葉を教育現場で耳にするたびに、恩師の教えが思い出されます。

おそらく特別支援教育で用いられている「実態」は「様子」くらいの言葉のほうが、「実態把握」は「様子の把握」「子ども理解」くらいの言葉のほうが現実的かと思います。

話がそれましたが、「実態把握」をするには、さまざまな検査が用いられます。それぞれの検査には目的があり、その目的のために必要な情報を与えるのが検査です。学力を測るには学力検査、発達状態を測るには発達検査、知的能力を測るには知能検査、という具合に、それぞれ目的が異なります。

何のために子どもを理解しようとするのかという目的を踏まえ、それに見合った方法を考え、その過程で、それぞれの検査の意義を正しく理解して活用することは、子ども理解の上で有用です。

そこで、今度は「各教科等を合わせた指導」における子ども理解ということを考えます。「各教科等を合わせた指導」は、実際的な生活を教育活動とし、生活の自立、あるいは自立的・主体的生活の実現を図ることを目的として展開されます。生活の教育ですから、そこでの子どもを理解するには、生活を通して、が望ましく、優先順位の高い方法です。子どもと生活を積み重ねながら、その子どもの思いに共感し、その子の今の姿をよりよく理解するのです。この発想は、ごくシンプルなもので、国語の力を知るには国語の時間が優先、算数の力を知るには算数の時間が優先、生活の力を知るには生活の場が優先、と、こういう具合です。

もちろん、「各教科等を合わせた指導」における子ども理解で、諸検査等の他の方法を排除するものではありません。ただ、子どもの自立的・主体的生活の実現という目的を見失わないことが大切です。余談ですが、筆者が教諭時代を過ごした千葉大学教育学部附属養護学校は、「各教科等を合わせた指導」を最大限に大きく位置づけて学校生活づくりをしていましたが、知能検査を含む諸検査は、教員によって毎年、丁寧に行われていました。

子どもと共に生活し、子どもの思いに共感する教師であれば、教師自身が「今度はこんな単元をしてみたい」と漠然と思う際に、自ずと共に活動する子どもの様子が織り込まれています。「これをやったらAさんは楽しめそう」「これはBさんにはちょっとつらいかも」という具合です。

いわば文字化されない頭の中での、直観に基づく個別の指導計画の原型がそこにはあるのです。そういう子ども一人ひとりへの漠たる思いの中で大きな生活のテーマを定めていきます。この漠たる思いの背景には、その根拠として、日々子どもと共に生活して感じてきた子どもの興味・関心や子どもの生活のこれまでの様子・今の様子、さらには必要に応じて行われてきた諸検査のデータなどがあるわけです。

子どもと共に、共感的に生活することが、「各教科等を合わせた指導」における子ども理解の柱です。

(3) 活動とテーマの一体化

単元のテーマは、テーマを見れば（読めば）、実際の活動が具体的にイメージできるものであることが望ましいです。活動という視点から見れば、単元の活動に取り組めば取り組むほど、単元のテーマ意識も自ずと深まっていくというテーマが望ましいです。

つまり、よいテーマとは、そのテーマを見れば活動がわかる、活動すればするほどテーマが深まる、という二つの側面をもっていることが望ましいのです。

生活単元学習の単元名（テーマ）には、「みんな友だち」とか「春を探そう」といったものがしばしば見られます。きれいな言葉で、私たち大人には心に響くものですが、実際に何をするのかといえば、わかりにくい場合が少なくありません。「みんな友だち」では、自己紹介ビデオを作ったり、お互いの顔を描いたり、ゲームをしたりなどの活動をしますが、活動が多岐にわたることは避けられず、わかりにくい生活になります。「春を探そう」でも、花見に行ったり、つくしを採ったり、春に関する歌を歌ったりとさまざまな活動になり、見通しがもちにくくなります。「みんな友だち」を「ゲーム大会」とすれば、活動が明確になり、その結果、よい友だちもできるでしょう。「春を探そう」を「ヨモギ団子をつくろう」等とすれば、毎日ヨモギの葉を採りに出かけ、料理する中で、自然と春を感じ、味わうことができるでしょう。

どの子にも活動が具体的に意識しやすければ、どの子もテーマに沿った活動に取り組みやすくなりますから、自ずと仲間同士で活動にまとまりが出てきます。

(4) 子どもができる活動が展開できるテーマ

子どもにとってどんなに魅力的なテーマであっても、そのテーマに沿った活動に子どもが自分から、自分で取り組みにくければ、実際的で納得のいく生活のテーマにはなり得ません。結果的にやり遂げたとしても、満足感・成就感に乏しい生活になりかねません。

テーマを設定する場合、そのテーマによって展開される活動に、子どもが取り組めるかを検討する必要があります。

子どもの生活実態や発達、障害などから見て、あまりに難度の高い活動が要求されるテーマは、子どもの生活のテーマとしてふさわしいものとは考えにくいものです。

複雑なルールや手順のある活動、扱いにくい素材、使用しにくい道具、危険な活動等々がないか、子どもの様子に即して検討していきます。

「難しいけれども子どもが望んでいるのだから」「多少危なくてもおもしろそうだから」といった安易な発想は厳禁です。

ただし、そのままでは取り組みにくい活動でも、何らかの手立てを講じることで、子どもにも取り組める活動となる場合は少なくありません。ここに教師の「できる状況づくり」へのこだわりやがんばりどころがあります。子どもが望んでいるテーマで、かつ授業研究・改善の過程で、できる活動にすることが望めそうであれば、それらの活動を有するテーマにも取り組んでよいでしょう。難しいテーマでも「できる状況づくり」によって活動できるテーマにしていかれれば、子どもの生活はさらに豊かになります。

一方、子どもが活動できていれば、それでよいかというものでもありません。確かに活動しているけれども、いかにもつまらなそうにしている、手持ち無沙汰そうにしているということもあります。これは、活動が簡単すぎる場合等に見られます。つまり、「できる状況づくり」でいうところの、「精いっぱい取り組める状況」が不足しているために、確かにできているけれども、「できない状況」になっているということです。この場合も、テーマの見直しも含めた検討が必要になります。

(5) 多様な活動が展開できるテーマ

テーマに沿って、どの子も自立的・主体的に取り組むことを願います。そのために、一人ひとりに合わせた多様な活動が展開できるテーマを設定します。遊ぶ単元であれば多様な遊具や遊び、働く単元や作業学習であれば多様な工程・分担が展開できるテーマです。

遊ぶ単元の場では、子ども一人ひとりに、テーマに沿った遊具や遊びを、「この遊具があるから、A君も楽しめる」「この遊具はBさんのため」という視点で考えることができるか、がテーマの適切性を判断する視点ともなります。

遊ぶ単元のテーマでは、たとえば「すべり台で遊ぼう」というように遊具が限定されていると、テーマの中身が絞り込まれ、明確にテーマを意識しやすいまとまりのある活動が期待できます。しかし、ただすべり台が一つあるだけでは、多様な子どもを受け止めきれません。その場合、高低、勾配、幅、すべり心地などの異なるさまざまなすべり台を用意すれば、一人ひとりが遊べる幅が広がります。そもそもすべり台が苦手という子どもがいる場合は、テーマを「すべり台広場」というように少し概括化し、すべり台周辺にブランコを設置する等、遊具の幅を広げます。いずれの場合も、活動を多様化することで、個別化を図ることになります。

働く単元や作業学習であれば、テーマに沿って製作する製品物の製作工程を多様な工程・分担を用意します。こうすることで、一人ひとりに合った活動が用意しやすくなります。働くこと、作ることというテーマにかかわって、一人ひとりに合わせた多様な活動を用意できない場合、テーマの不適切性を検討する必要があることは、遊ぶ単元の場合と同様です。

(6) 多様な活動はどの子もテーマを共有できるため

ところで、多様な活動が展開できることは、総合的な学習形態である「各教科等を合わせた指導」の大きな特徴ですが、このことは、一人の子どもの活動が多様で多種類になることを意味するのでは決してないことを強調しておく必要があります。

「生活単元学習では多様な活動を」「製作工程をすべて一人で経験することが大切」ということで、一授業時間に何種類もの活動に、どの子も次々と取り組むように授業展開することがあります。また日替わりで異なる活動に取り組む場合があります。そのような授業では、子どもは得手・不得手の区別なく、活動に取り組むことになります。その結果、できない状況に置かれ、結局、教師の手助けに頼らざるを得なくなることが多くなります。また、めまぐるしく変わる活動内容は、子どもにとって見通しがもてず、結局、教師の指示にしたがって、活動することを余儀なくされます。「毎日が新鮮、毎日が戸惑い」という生活は、子ども主体の生活づくりとは相反する状況です。

そこで、テーマに沿って、その子に取り組める活動をしっかり絞り込み、その活動を一人ひとりの単元活動として個別化し、大きく位置づけるようにします。そうすることで、見通しがもちやすく、取り組みやすい生活になります。その子なりに、テーマに沿って、できる活動に取り組めるように活動を個別化します。テーマに沿った活動はいろいろな子どもに合わせられるように、多様である必要があるのです。こうすれば、活動はそれぞれ異なっても、共通のテーマの下、仲間と共に活動できるようになります。

多様な活動の中から、一人ひとりに合わせて絞り込まれ、大きく位置づけられた活動をそれぞれの子どもが、その子なりに、一授業時間、そして毎時間繰り返すことで、どの子にも、より見通しがもて、主体的に取り組める生活が実現します。そのような、一人ひとりなりが自分の活動に没頭し、深めていってこそ、その活動を幹にした多様な活動への広がりも、やがて期待できるというものです。

「テーマは一つ、活動は多様に」という発想でいけばよいのです。

ただし、これは、基本原則であり、「活動は多様でなければならない」と、掟（おきて）にしてはいけません。なぜ、多様であることが望ましいかという理由は、どの子も主体的に活動できるためです。ですから、仮に活動が一つであっても、どの子も生き生きと活動していれば、それでよいのです。

話がそれますが、本書では、「各教科等を合わせた指導」のポイントを多々述べています。でも、それらはいずれも、その意図までしっかり確認して、納得して実践していくことが大切です。掟のように必ずそうしなければ、と考えるのでなく、意図に即して柔軟に考えてよいことばかりです。「ねばならない」という掟化は窮屈ですので、その点は注意していただければと思います。

(7) 一定期間の継続が期待できるテーマ

テーマに沿った生活が数日間から数週間にわたって継続すれば、子どもの生活は、日毎に満足感を覚え、明日に期待感をもてる生活として充実していきます。「今日は楽しかった。明日もまたやろう」「今日はがんばった。明日もがんばろう」という思いで一日を終え、翌日には「今日も楽しみ」と張りきって登校してくることができます。

テーマに沿った生活を一定期間、毎日繰り返し、積み重ねれば、テーマ意識がより明確になり、活動への取り組みもより主体的になっていきます。

一定期間、一定のテーマに沿って取り組む生活は、生活自体としてもまとまりのある生活となります。たとえば、生活単元「プールで遊ぼう」で、夏の数週間、プール遊びを毎日繰り返せば、子どもたちは毎日、プールに満足し、プールを楽しみにする生活となります。その時期は、プール遊びというテーマでまとまりができるのです。

したがって、テーマに沿った生活を積み重ねることで、日毎に生活が充実し、しかも、その時期の生活にまとまりができることを願うならば、生活のテーマも一定期間の継続が期待できるものがよいことになります。

「旅行」は子どもにとって魅力的なテーマで、しばしば生活単元学習として取り上げられます。しかし、当日までの一定期間、そのテーマに沿って存分に活動するのは難しいものです。そこで旅行先のビデオ視聴、しおり作り、荷物調べ等々が綱渡り的に盛り込まれますが、繰り返しができず、散発的な活動になってしまいがちです。この場合、旅行自体が魅力的なのは事実ですが、単元化は困難と見て、無理に生活単元学習とはせず、特別活動として展開すればよいでしょう。

筆者は「各教科等を合わせた指導」への愛情は、他の誰にも負けないという自負がありますが、だからといって、「各教科等を合わせた指導」だけがよい授業だとは全く考えていません。特別活動も大事な授業なのですから、その持ち味を生かすことで思い出深い旅行ができれば、無理に生活単元学習にしなくてもよいのです。

ただし、毎日学校近辺でサイクリングを楽しみ、単元の終盤に旅行に出かけ、旅先で思いっきりサイクリングを楽しんでしめくくる、というような単元のしめくくりとして旅行を意味づけられれば、単元化は可能です。単元化の可否は、テーマに沿って繰り返せる活動を組織できるかが重要な要件となります。

(8) 一定期間の活動に発展が期待できるテーマ

生活単元学習や作業学習、遊びの指導では、生活を繰り返し、積み重ね、生活の充実・発展を期待します。しかし、一定期間活動をただ単に繰り返していると、活動自体がマンネリに陥ってしまいます。そうなると子どもの活動にハリがなくなってきます。そうならないように、一定期間のテーマに沿った生活の過程で、折々に活動にアクセントをつけ、その時期の生活に発展を図ることが必要です。たとえば、前述の生活単元「プールで遊ぼう」であれば、一週目は今年初めてのプールですからそれだけで存分に遊べます。二週目、プールに新たにゴムボートやビーチボールなどが登場すれば、これまでしていた遊びとはまた違った遊びへと遊びの広がりが期待できます。子どものプール遊びは前週よりもより楽しいものになっていくことでしょう。また、プール遊びの時期の終盤に、校外の市民プールなど広くて施設も充実したプールで思いっきり遊ぶようにすれば、より存分にプール遊びを楽しんで締めくくることができます。もちろん、三週間ひたすら泳いでいるだけという子どもがいてもよいのです。単元期間を追っての活動の発展は、基本的にはテーマに沿った活動を繰り返すことをベースとし、その活動の充実・発展を意図して行うことです。一定の活動を深めること（この例であれば、三週間ひたすら泳ぐこと）もまた、子どもによってはよい姿ですので、ゴムボートやビーチボールが登場したからといって子どもにその活動を強いてはいけません。あくまで活動の「発展」なのであり、「転換」ではないことに留意します。

作業学習では、たとえば、販売や納品をテーマにした場合、製作・生産目標数を掲げ、製作・生産活動に取り組みます。その場合、折々に達成した目標数を確認し、その目標を達成するために、単元後半の追い込み時期には放課後の残業や、泊まり込みで作業する日を設けたりして、テーマに沿った生活を深め、徹底していけるようにします。

一定期間、テーマに沿った活動を繰り返しながら、活動にアクセントをつけることで、その楽しみが広がり、発展していきます。

(9) 仲間と共に取り組めるテーマ

学校生活は集団生活です。たとえ子どもが一人の学級でも担任教師がいれば集団生活です。学級外には、他の学級の子どももいます。学校は集団生活であり、それ自体が社会です。社会生活として学校生活をとらえれば、共に生活する仲間である子どもたちと教師が、同じテーマを共有し、共に活動できることが望ましくなります。

「すべり台で遊ぼう」というテーマでの生活、学級の六人の子どものうち五人が存分に遊ぶ生活を実現できたが、一人だけはどうしてもすべり台に近づけなかった、としたらどうでしょうか。「六人中五人が存分に遊べたのだから、まあまあの授業だった」と評価してよいでしょうか。筆者はそれではダメだと思います。遊べなかった一人の子どもにとって、このテーマの下での生活は、主体性を奪われたものになっているからです。仲間なのですから、みんなが同じ思いで活動できるようにしなければなりません。六人中五人が一〇〇%遊べたテーマよりは、六人全員が六〇%くらい遊べたテーマのほうが、まだよいと思います。

さらに、教師も共に活動する仲間です。ですから、設定したテーマに、教師も本気でのめり込めるテーマでなければなりません。「これは子どもたちのためのテーマだから」と距離をとるのではなく、教師自身もそのテーマにはまるということが必要です。これは通常の教育の授業も同じだと思うのですが、教師が価値を見出していないものを子どもに伝えても、その面白さや価値は、子どもに伝わらないのではないでしょうか。教師も仲間として本気になれるテーマであることも、望ましいテーマの大切な条件です。

3 テーマに沿った生活をより最適化する生活の枠組み

(1) 週日課の最適化

テーマに沿った生活を最適化する上では、以上のようなテーマの条件を吟味する質的側面ではなく、テーマに沿った生活をしやすくする生活の枠組みを最適化することも有用です。

一つには、週日課（時間割、週時程など）のあり方です。知的障害教育の週日課には、いわゆる「帯状の週日課」と言われるものがあります。生活単元学習等を午前中の一〇時から一二時頃の時間帯に大きく位置づけ、その日課を毎日繰り返すというものです。表記上、生活単元学習等が週日課表の横に太い帯のように表されるので、「帯状の週日課」と言います。

一九七〇年代に「各教科等を合わせた指導」が再興された頃に、「帯状の週日課」という名称と共に普及したものですが、特別支援学校や特別支援学級で、「各教科等を合わせた指導」を大きく位置づけている場合、現在でも採用されています。

「教科別の指導」を相対的に多く位置づけると、週日課を帯状にしにくくなりますが、この場合も、「各教科等を合わせた指導」のテーマと関連づけて「教科別の指導」を行ったり、休み時間等に単元のテーマに沿った活動に取り組めるようにしたりして、なるべく毎日テーマに浸りきり、テーマに沿った生活に取り組めるようにします。

特に、「教科別の指導」については、「帯状の週日課」をつくりにくくしているということで、「教科別の指導」に対して批判的になる向きもなくはありませんが、「各教科等を合わせた指導」も「教科別の指導」も、それぞれの学校や先生が大切に思って計画・実施していることですので、そのよさを大切にしながら、カリキュラム・マネジメントしていくことが大切です。

(2) 授業時数の最適化

週日課のスタイルにかかわらず、「各教科等を合わせた指導」の授業時数と「教科別の指導」の授業時数をどのようなバランスで構成するかは、思案のしどころです。これについては、各学校の教育目標、カリキュラム・ポリシーのあり方に即して自由に考えていってよいでしょう。

知的障害教育の歴史には、現場の自由な教育課程編成を尊重するよき伝統があるからです。その上で、「各教科等を合わせた指導」は、テーマに沿った学校生活の充実・発展に資するものですから、もし相対的に授業時数が少なくても、前述のように、他の授業等との関連づけ等によって、いっそう効果的に展開できればと考えます。

「各教科等を合わせた指導」の授業時数に関しては、特支新指導要領の解説に次の記述があります。

「(前略) 各教科等を合わせて指導を行う場合には、授業時数を適切に定めることが示されている。各教科等を合わせて指導を行う場合において、取り扱われる教科等の内容を基に、児童生徒の知的障害の状態や経験等に応じて、具体的に指導内容を設定し、指導内容に適した時数を配当するようにすることが大切である。

指導に要する授業時数をあらかじめ算定し、関連する教科等を教科等別に指導する場合の授業時数の合計と概ね一致するように計画する必要がある (後略)」

この記述は、「各教科等を合わせた指導」の授業時数を定める上で重要です。「Ⅱ 歴史から考える『各教科等を合わせた指導』」でも述べましたように、「各教科等を合わせた指導」は、各教科等に分かたれる前の生活、すなわち各教科等を未分化で実際的に含む本来の生活を内容としています。しかしその一方で、教育課程上は、どこまでも教育内容は、特支新指導要領が定める各教科等によって構成されています。

ですから当然、その指導に要する授業時数も、各教科等の内容が十全に指導できる時数の確保が必要になります。

もちろん、「各教科等を合わせた指導」を初めとする総合学習は、単なる量的総合だけでなく、学習の質的総合も含みますので、展開される各教科等の内容を時数換算して単純に合計するということではありません。たとえば、単元「お団子作り」で、できたお団子の数をみんなに伝える場面で行われる「ひとつ、ふたつ、…」という数唱は、算数の内容でもあり、国語の内容でもあります。つまり、テーマに沿った意味ある生活の中では、一つの学習内容が、複数の教科の内容にダブルカウントもトリプルカウントも、場合によってはもっと複数にカウントできるのです。そうなると、授業時数の合計も一＋一＝二という具合いに単純にはいかず、一＋一＝一ということにもなります。総合学習が、教科の効果的な指導法であればあるほど、こういうことが起こります。これをダブルカウント等しないで合算すれば、一〇時間扱いで合算すると二〇時間分の学習になるということが、論理的にも実際的にも成り立ちます。

これらの事情を了解しつつ、授業時数を各教科等という視点から考えると、質的総合と量的総合の両方を考慮することになります。実際には、「概ね」で、「各教科等を合わせた指導」の授業時数を算出することになります。量的総合という点に着目すれば、多様な各教科等を指導するのですから、総じて、「各教科等を合わせた指導」の授業時数を可能な限り十分に確保することは、解説の記述に照らしても望ましいこととも言えます。

(3) 年間計画の最適化

生活の枠組みとしては、年間計画のあり方も大切です。

「各教科等を合わせた指導」を単元化する場合、単元のテーマ（題材）ごとに、生活をまとめていきます。そのまとまりのある生活を年間計画の中に配列していくことになります。テーマに沿ってまとまりのある生活をいくつか配列することで年間計画をつくることになります。この場合、単元期間をどのくらいに設定するかは重要なポイントになります。単元期間が短すぎると、ようやく見通しがもてて主体的に活動できそうになった頃に単元終了ということになります。それでは、ということで何か月も同じテーマで生活していれば、今度は間延びしてしまいます。そこで、一つの単元期間は、概ね数週間が望ましいということが言えます。その期間に、前述のように活動を繰り返し、発展していく計画を立てていくことになります。

年間計画を考えるに当たっては、テーマの質も大切です。一年間の生活の時期ごとにふさわしい単元のテーマを考えていきます。地域によってそれは多様であってよいのです。筆者の住む岩手であれば、たとえば四月は学級開き、夏にはプール、秋には学校祭、冬はスキー、年度末には別れ・巣立ちというように、学校生活には時期ごとに大切にしたいテーマがあります。同じ岩手でも学校や学級によっても違うでしょう。それぞれの学校・学級の一年間の生活の魅力が最大限に発揮できるような年間計画にしていかれればと思います。

また、年度当初にはテーマを未定にしておき、その時期が近づいてから、子どもの様子に即してテーマを設ける「X単元」という方法も魅力的です。「X単元」を年間計画に設ける場合は、単元期間だけを設定しておき、単元名の部分を「X」としておきます。大体単元開始の一か月前くらいまでにテーマ（題材）を決めれば、タイムリーかつ余裕をもって単元が立案できます。

4 教材・教具もテーマに沿って

(1) 生活のテーマと教材・教具

テーマは、単元計画を立てる上での要（かなめ）となるものです。すでに述べてきましたように、生活づくりのプランの要ですので、授業における手立てのソフト面ということができます。それに対して授業のハード面、つまりモノの部分の主役は、やはり教材・教具でしょう。

ソフトとハード、このいわば両極にあるテーマと教材・教具も、実は密接にかかわるものなのです。結論から言えば、教材・教具が生きるのは、それらが単元のテーマに沿っているか、で決まるということです。教材・教具もまたテーマに沿って用意されなければならないのです。

(2) テーマに沿った教材・教具

そこで、テーマに沿った教材・教具ということの意味や意義を、少し考えてみます。

私たち教師の仕事として、教材・教具の作成は、大きな位置を占めています。授業づくりでは、どれだけ有効な教材・教具が作れるかが、授業評価の大きなポイントとなります。

筆者は、知的障害特別支援学校教育実習と小学校や中学校の教育実習（いわゆる基礎免実習）を終えた学生のみなさんに時々、次のような質問をします。「教育実習で研究授業をした後の研究会で、発問等の教師の対応（これも手立てのソフト面です）と教材・教具の工夫、どちらの話題が多かったか」という質問です。何年にもわたって、何度となくこの質問をしてきましたが、結果はいつも見事に同じです。つまり、知的障害特別支援学校の実習では教材・教具に関する話題が多く、小学校や中学校での実習では、発問等の話題が多いのです。

知的障害教育の場での教材・教具の重要性を物語るものだと思うところです。

プロの教師の授業研究会でも、同じように教材・教具の話題が多いように思います。ただ、授業研究会では時として、斬新な教材・教具、労力をかけた教材・教具、見栄えのよい教材・教具がありさえすれば、それだけで「よい授業」と判断されてしまう場合もあります。もっと言ってしまえば、教材・教具を自作してさえいれば、それだけで「よい授業」と評されることすら見受けられます。

しかし、教材・教具の評価は、以上のような表面的な成果によって決まるものではありません。教材・教具の良し悪しは、斬新であるか、労力をかけてあるかで決まるものではありません。もちろん、斬新な発想で教材を作られた先生方、地道に労力をかけて教材を作られた先生方のご努力に対する敬意を失ってはいけません。

その上でなお、教材・教具の評価は、それらの発想や労力に比例するものではないといわざるを得ないと、筆者は考えます。

(3) 教材・教具の評価視点

では、何が教材・教具の評価になるのでしょうか。有力な評価視点としては、教材・教具が子どもに対して効果を示しているか、というものがあります。この視点は一定の妥当性があるように思いますが、実はそれだけでもうまくありません。

真に教材・教具の評価を定めるのは、それらが授業の目標達成に対して効果を上げているか、で決まります。この意味で、普遍的によい教材・教具というものは存在せず、同じ教材・教具であっても授業の目標のあり方次第で、一〇〇点満点になったり〇点になったりしてしまいます。

単元「校庭に花壇を作ろう」という架空の生活単元学習を例に考えます。この単元のテーマは、校庭の脇にある石や土を運び出して整地し、花壇を作ろうというものです。ある生徒が、たくさんの石を一輪車で運ぶ作業に取り組んでいます。石がたくさん積まれている一輪車の操作は難しく、悪戦苦闘しながらの作業です。ところが、その生徒の運搬経路には、「一本橋」が作られています。生徒は一輪車をうまく操作しながら、必ずその「一本橋」をわたることが求められていました。この「一本橋」が、ここでは重要な教材・教具になります。この「一本橋」の目的は明白です。一輪車をうまく操って狭い「一本橋」をわたることで、バランス感覚や道具の操作性を高めようというものです。

この「一本橋」を、スキルトレーニングという目標の視点で見れば、一定の評価ができるでしょう。

しかし、この実践をこの単元本来の目標である花壇作りに、主体的に取り組むという視点で見たらどうでしょう。

ここは効率よく、リズミカルにたくさんの石を運び出さなければならない時なのに、わざわざ「一本橋」をわたることが求められては仕事になりません。もっと進みやすいところを進ませてほしいという生徒の声が聞こえてきそうです。本物の仕事をより効率よく精いっぱい行うという教育観の下では、「一本橋」は教材・教具としては〇点になります。

このように、授業の目標のあり方次第で、教材・教具の評価は全く変わってきます。普遍的に望ましい教材・教具は存在しないこと、一定の目標が明確であればこそ、教材・教具への正しい評価もできることになります。

そして、さらに突き詰めていけば、先ほどの単元「校庭に花壇を作ろう」の授業の目標こそが、この授業における生徒たちの生活のテーマなのです。生活のテーマと授業や単元の目標は、「各教科等を合わせた指導」においては、完全に一致しています。

ですから、教材・教具もまたテーマに沿って機能していなければならないのです。どうしたら、子どもがテーマに沿って、自分から、自分で、めいっぱい活動できるか、この一点に集中して、教材・教具も構想されることになります。

5 単元の計画・実施・改善

(1) 単元の目標（願い）の設定

どんな授業であっても、目標の設定は極めて重要な作業です。「Ⅱ 歴史から考える『各教科等を合わせた指導』」でも述べましたように、戦後当初の知的障害教育が行き詰まったのは、教育目標を明確にしていなかったからです。ですから、単元計画を立案する際には、目標を明確にしなければなりません。大きな目標としては「子ども主体の生活の実現」ですが、単元ごとに、具体的な単元のテーマを設定し、その成就を子どもが主体的に取り組めるようにする、ということが単元目標になります。

単元で達成すべき教育目標は、文字通り、「目標」として表記してもよいのですが、「願い」として表記されることも、「各教科等を合わせた指導」の指導案や個別の指導計画で見られることがあります。一般的に授業では、「ねらい」と表記されることが多いのですが、「ねらい」の語感には、教師が外から子どもをこう育てたいという、教師主導の視点での表記と感じられます。

実際の授業では子どもが主体的に生き生きと活動しているのに、指導案等では教師主導で表記されることがあります。この場合、実際に授業を教師主導で進めるというよりは、指導案に記載される内容に対する教師の責任（手立ての行為の責任主体を教師が負う）を明確にするという趣旨での表記であるかと思います。表記よりも実際に子どもが主体的に活動することが優先ですので、「ねらい」と書かれていても簡単に批判すべきではないと思うところです。

しかし一方で、教師も子どもと同じ願いをもって活動に取り組む、そういう姿勢を示す目標としては「願い」という表現は実に適切です。この「願い」は、子どもの願いであり、教師の願いでもあります。生き生きと自立的・主体的に生活したいという、子どもと教師が共有できる願いなのです。「願い」という表現にはこのような思いが込められています。学校の指導案統一書式等で、「ねらい」「目標」などとなっていても、思いは、子どもと教師が共有する「願い」でありたいと思います。

単元の目標（願い）は、テーマの実現を願います。

たとえば、生活単元学習「乗り物広場」では、

「乗り物広場で自転車等のさまざまな乗り物での遊びを存分に楽しんでほしい（あるいは「楽しむ」）。」

生活単元学習「アスレチックコースを作ろう」では、

「力を合わせて、校庭にアスレチックコースを作り上げてほしい（あるいは「作り上げる」）。」

作業学習では、

「販売会をめざして、テーブルセンター五〇枚を織り上げてほしい（あるいは「織り上げる」）。」

「販売会当日は、実演や販売活動に取り組み、充実した一日を過ごしてほしい（あるいは「過ごす」）。」

というように単元のテーマ自体の実現という視点で述べます。

「自転車の乗り方を覚える」「工具の使い方を覚える」「販売会を通じておつりの計算方法を学ぶ」といった目標設定を見かけることが少なくありません。しかし、これらは、特定の教科や領域の目標であり、総合的で生活的な「各教科等を合わせた指導」の目標設定にはふさわしくありません。これらの目標は、教科別等に行う指導の目標とするのがふさわしいでしょう。

もちろん、これらの生活上の目標の成就の中に、各教科等の多様な力の発揮や習得が未分化に含まれています。ですから、評価を行う場合に、各教科等別にその力の発揮や育ちを記録することは可能です。また目標設定段階でも、単元活動に期待される各教科等の力の発揮や育ちに即して目標設定をすることも可能ですが、これらの目標が効果的に達成されるために、生活本来の目標を明確にしていくことは不可欠です。

(2) テーマに沿った子ども一人ひとりの活動選択

単元のテーマをみんなで実現するためには、子ども一人ひとりがテーマに沿って存分に力を発揮できる状況がなくてはなりません。そのためには、テーマ自体が子ども一人ひとりが力を発揮できる活動を展開できるものとなっていることが必要です。前述のように、「こんなことをしたい」という教師の頭の中レベルでの思いの段階から、子ども一人ひとりの活躍が漠然と描かれていることが重要です。

次いで、テーマに沿った大まかな活動を具体的に考えます。頭の中でイメージされていた漠然とした活動を具体化していく作業です。遊ぶ単元で単元のテーマを「水遊びをしよう」とした場合を例に考えてみましょう。頭の中にあったテーマイメージを具体化していく過程で、「水鉄砲」「色水作り」「ミニプール」など、実際の遊びを考えていきます。こうして教師の頭の中に漠然とあった遊びが具体化されていく過程で、それらの活動に取り組むAさん、Bさんのイメージも次第に具体化されていきます。

そこで、今度は具体的になってきた活動が、本当に子ども一人ひとりに合った活動であるか個別に考えていきます。この場合、子ども一人ひとりについて、「これは好きな活動」「これは前単元でできていた」「これは興味をもっている様子があった」など、これまでの該当する活動、あるいは類似した活動への取り組みの様子を基に考えていきます。あるいは、まったくこれまで未経験であっても、教師が判断して「この活動なら挑戦しそうだ」「この活動ならきっとハマる」と判断することも、生活の豊かな広がりに通じる活動選択です。

これら活動選択の視点は、同時に子ども一人ひとりへの願いの個別化を意味します。「Aさんには、こんなふうに活動してほしい」という思いが、個々の活動に具体化されていくからです。単元の活動の選択という単元全体の計画は、単元の生活で一人ひとりの願いと活動を具体化していくという、単元における個別の指導計画の作成過程と重なります。

さて、これらの活動選択の過程を通じて、次の二つの場合に留意します。

一つは、子どもにとってできそうな活動であっても、イメージされた活動により存分に取り組めるように、と考えることです。八割がたマッチしている活動だから良しとするのではなく、一〇〇%マッチできるように、授業の計画・実施段階での活動の改善を図ることに努めます。「うまくできなそうだけれどもなんとかできるだろう」とか「役不足の活動だけれども、できる活動だからよいだろう」のような発想はいけません。前述のように、「できる状況づくり」は難しすぎる活動もダメですし、手持ち無沙汰の活動もダメです。あくまで活動の最適化を目指します。

これらの作業は、教師の頭の中ですでにイメージされている漠たる部分で既に子どもに合った活動を、さらに子どもに合った活動にブラッシュアップしていく作業です。精度を上げた活動の検討が求められます。

さらに付け加えるならば、間違っても教師の独りよがりで考えた活動に子どもを合わせるということがあってはなりません。

二つは、頭の中で漠然とイメージしていた活動が、実際に具体化していく過程で、ある子どもには、このテーマでは最適な活動がまったく用意できないということがわかってきた場合の対応です。漠然としたイメージではできそうと思っていても、精査してみると存外そうはいかないということは、時にあるものです。

この場合、「できる状況づくり」を尽くしても子どもに合う活動にしようがないのであれば、テーマ自体を見直すというところまでさかのぼる勇気が必要です。「水遊びをしよう」だけでは遊びきれない子どもがいた場合、その子が、水は苦手でも砂遊びはできるということであれば、単元のテーマを「水と砂の広場で遊ぼう」のように改めてテーマイメージを広げ、砂遊びもできるようにする等の対応をします。

単元の活動を選択する段階では、テーマに沿った統一感ある活動と、子ども一人ひとりに合った活動という二つの側面を同時に考えていくことが大切です。テーマに沿った活動だけを考えると、子どもを活動に無理に合わせることにもなりかねません。逆に、子ども一人ひとりのことだけを考えると、活動全体がバラバラになり、社会の中でみんなで生活するよさが失われてしまいます。一人ひとりがテーマに沿って存分に活動できるための活動の個別化を考えることが大切です。

(3) 子ども一人ひとりの目標（願い）の設定

単元の目標（願い）を一人ひとりの活動に即して、具体化します。前述の活動の選択と一人ひとりの目標（願い）の設定は実際には一体的なものです。「Aさんにはこういう姿を期待したい」という願いをもつから、ふさわしい活動が決まるのですし、単元の活動に即して「この活動には、Aさんだったらこんなふうに取り組んでほしい」とも願えるのですし、相互に一体的に考えられるものです。

単元の目標（願い）の具体化が一人ひとりの目標（願い）なのですから、いずれも子どもが自立的・主体的に生活する姿を願う点では共通しています。しかし、この自立的・主体的生活というのは、総論的にはイメージできても、具体的に、となると曖昧であったりします。そこで、以下、いくつかの具体的な視点を実践校の指導案等から整理し、例示します。

遊ぶ単元の場合、自立的・主体的生活につながる姿は、次のような言葉が視点になり得ます。「見通しをもって」「自分から」「自分で」「繰り返し」「上手に」「工夫して」「遊びを広げて」「遊びを深めて」「仲間とかかわって」「意欲的に」「没頭し」「精いっぱい活動し」「うまく成し遂げられ」「満足感・成就感をもって」など。

働く単元や作業学習では、「見通しをもって」「自分から」「自分で」「繰り返し」「継続して」「早く」「たくさん」「正確に」「安全に」「仲間と協力して」「意欲的に」「集中して」「精いっぱい活動し」「うまく成し遂げられ」「満足感・成就感をもって」などの言葉で、主体的生活につながる姿を考えます。

それぞれの単元に応じて、これらの視点を一人ひとりの子どもなりに当てはめて考えるわけです。どこまでもその子なりに、です。

以上の例をご覧いただいた場合に、注意しなければならないのは、これらすべてを満たせば円満な主体的生活だ、なんてことは絶対にないということです。子どもの自立的・主体的姿というのは、あくまでも個別であり、その子なりに判断すべきです。

そして、これら自立的・主体的生活の視点を、具体的な単元活動に即して、一人ひとりに具体化していくことになります。

制作活動の単元（作業学習の他、生活単元学習でも行われます）を例に考えてみます。釘打ちを担当するAさん。様子の見取りを、「Aさんは、自分から金槌をもって釘を打っている」とするとします。ここでは、「自分から」という自立的・主体的姿に注目したわけです。それに基づいて、願いは、Aさんにとっての「もっと自立的・主体的に」を願います。たとえば、「継続して釘打ちをしてほしい」となります。「自分から」の姿を大切にし、その発展として「継続して」という主体的姿を願います。そして手立ては、「継続して」が実現するような支えを考えます。「Aさんの作業台の高さを調整し、疲れにくい姿勢で釘打ちの作業をできるようにする」というように。この手立てに基づく活動から、評価を行います。なされた手立てが、Aさんの「継続して」を支えることになったかをAさんの実際の様子に即して評価します。「作業台の高さを調整したことで、前屈みにならずに釘を打て、継続時間が伸びた」とか、「作業台の高さを調整したことで、場に慣れずに、手を止める場面が増えてしまった」といった評価をしていきます。それを踏まえ、様子の見取り、目標（願い）の設定、手立ての立案を再検討し、いっそうの自立的・主体的生活の実現に努めます。

Ⅳ

小中高の各ライフステージに即した「各教科等を合わせた指導」のあり方

1 「各教科等を合わせた指導」の本質

「各教科等を合わせた指導」の本質を一言で表現するとすれば、それは、「本物の生活を子ども主体に」ということに尽きると考えます。

「各教科等を合わせた指導」には多様な魅力があります。たとえば、各教科等の内容を実生活に即して、生きた本物の力として養えることもそうですし、多様な各教科等の内容を一連の学習の中で効果的に養えることもそうです。他にも「各教科等を合わせた指導」の魅力を語り出したらいろいろ出てくると思います。「各教科等を合わせた指導」の魅力は実に豊かで多様です。

しかし、その本質、ここを外してしまうと、他のどんな魅力も精彩を欠くことになってしまう本質は、上記のように、「本物の生活を子ども主体に」ということです。この本質は、一九七〇年代に、生活単元学習が再興された際に確認されたことです。

「本物の生活を子ども主体に」と表現される「各教科等を合わせた指導」の本質をさらに検討してみると、ここには二つのことが言われていることがわかります。一つは、生活が本物であること、もう一つは子ども主体であること、です。後者の子ども主体ということは、子どもの活動の質を意味し、普遍の理念と言えます。それに対して、生活が本物であることは、生活の内容を意味し、これはライフステージや地域性などによって内容は多様に把握できます。

ですから、ライフステージを踏まえた「各教科等を合わせた指導」という場合、主体性の実現にかかるあり方は普遍ですが、具体的な内容は、ライフステージごとに違いがあるということです。

以下、特別支援学校を例に、小中高の各ライフステージでの「各教科等を合わせた指導」のあり方を考えます。これはもちろん、小学校、中学校、高等学校でも本質的には当てはまると考えています。

2 小学部の生活づくり

(1) 小学部らしさを大切に

小学部の日々の生活の充実は、いったん六年生を終えることで完結します。この場合、日々小学部の児童にふさわしい生活を積み重ねているかが吟味されます。

中学部（やその先の高等部）への接続をことさら意識して小学部の生活を考えると、小学部での生活をいかに中学部につないでいくかということが議論されがちです。その場合、小学部の生活は中学部の生徒になるための準備教育化してしまいます。そうすると小学部らしい生活が損なわれてしまうことになります。そうならないように、小学部らしさが大切にされなければなりません。

一方で、小学部の生活が中学部の生活の基盤を形成することも間違いありません。そのことを正しく認識しておかなければ、特別支援学校版「中一ギャップ」も生まれかねません。筆者の恩師である小出進先生は、「学校生活の初期の段階では、とかく、先々の卒業後の生活まで見つめることなく、教師の教育的興味で、あれもこれもと、つまみ食いを強いるかのような学校生活が計画されがちである。学校生活の終末期になると、逆に、卒業後の生活の準備にきゅうきゅうとして、子どもの現在の生活を犠牲にするかのような学校生活になりやすい。ホイホイ小学部から、いきなりシゴキの中学部になったり、オニの高等部になったりする」と厳しく指摘されています（『知的障害教育の本質―本人主体を支える』小出進著、二〇一四年、ジアース教育新社）。

小学部は中学部の生活につながるものであるという認識も不可欠なのです。しかし、だからといって準備教育的な実践に走るのではなく、小学部らしい生活を適切に積み重ねていけば、それは自ずと中学部生活への望ましい基盤づくりにもなると考えます。それはやはりライフステージにおける一瞬一瞬が連続体をなしている側面もあるからです。

(2) 小学部らしさとは

とはいえ、小学部らしさとはどういう姿をさすのでしょうか。パっと思いつくところでは、小学部ですから「かわいらしい」「子どもらしい」というイメージが浮かびますが、実際には小学部らしさを一言で説明するのは困難ですし、不適切でさえあると思われます。

その根拠は二つです。一つには小学部が中学部や高等部の倍の六年間という長い期間を有していることです。この六年間は多様な経験をしますし、子どもの社会的背景も各学年で異なっていきます。そのような変化の著しいこの期間である六年間を一括りで説明することには大きなリスクが伴います。

もう一つの根拠は、一つ目の根拠にも関連しますが、小学部がライフステージの観点から質的に異なる時期を複数含み込んでいることがあげられます。つまり一年生は幼児期に接続し、六年生は青年期に接続しています。図式化を突き詰めれば、小学部は幼児と青年が共に学ぶ学部と言えます。

このように質的に異なる時期を内包していることに留意して、小学部らしさを考えることが必要です。

(3) 幼児期に接続するライフステージ

一年生を含む低学年は、幼児期に接続する時期です。この時期の子どもの生活の中心はなんと言っても遊びです。子どもらしく思いっきり遊ぶ生活を大切にします。大人が働く生活を中心とし、その働く生活が充実していれば生活全体が豊かであれるように、子どもにとっての遊びの充実は、子どもの生活全体を豊かにします。

今日、教育界で重視されるキャリア教育では、ライフキャリア（それぞれのライフステージの充実にかかわるキャリア）とワークキャリア（就労にかかわるキャリア）ということが言われますが、ライフキャリアの観点に立てば、日々の生活の充実が大切ですので、低学年の時期には遊びの充実を中心に据えます。

ところが、キャリア教育のワークキャリアに傾斜する実践では、「仕事」「役割」などの言葉がキーワードとされ、小学部低学年の子どもでも、遊び以上に係の仕事や身辺処理が強調されます。

係の仕事や身辺処理はもちろん大事な教育内容ですが、遊びを差し置いて前面に押し出されるのは不自然です。生活の流れの中で、あるべきところにあることが望ましいと言えます。ワークキャリアを字義通りに考えすぎると、小学部低学年ではキャリア教育は無理、という結論に達することさえ見られます。子どもが子どもらしく生き生きと思いっきり遊んでいる姿にこそ、キャリアの充足を認めるべきですが、「仕事」「役割」に目が奪われてしまうが故に、低学年の時期の子どもの生活に固有の価値を見失ってしまうのです。

遊びの生活としての価値を正しく評価し、生活の中心として位置づけ、展開することが重要です。もちろん幼児期に接続する低学年だからと言って、遊びだけが唯一の生活の中心ではありません。時には行事、お出かけ、ものづくり等々も魅力的な生活のテーマになります。しかしだからと言って、低学年の生活の中心としての遊びの地位は揺らぐことはありません。このかけがえのない遊びを、キャリア教育を標榜するが故に軽視するようなことがあってはなりません。

(4) 青年期に接続するライフステージ

小学校では、いわゆる高学年（五・六年生）はとても頼もしく見えます。教員と対等に渡り合い、大人の風格さえ感じることがあります。単に思春期に入る時期だからだけでなく、学校のリーダーという社会的位置づけも高学年の存在を青年らしく、頼もしいものとします。高学年の子どもたちは、まさに青年期に接続するライフステージを生きています。

このことは知的障害のある子どもにとっても同じです。知的に障害があり、発達年齢では低学年あるいは乳幼児期にあるとしても、社会的存在としての高学年の位置づけは、小学校の高学年の子どもたちとなんら変わるところがありません。小学部のリーダーとして、大いに頼りにしたいところです。

しかしながら、実際には、乳幼児期と同じような学習内容・教材での指導が展開されていることが少なくありません。

これは単に学習内容や教材だけの問題ではなく、我々教師の姿勢にも現れてしまいます。高学年の児童に幼児語で話しかけたり、「○○ちゃん」と呼びかけたりということをしてしまいがちです。まずは我々教師の意識変革を図り、生活年齢への対応、高学年らしさにこだわりたいものです。

学習内容としては、ものづくりや働く活動などの位置づけを大きくしていきます。もちろん、まだ小学部ですので、過度に労働性の高いものは避けたいところですが、やはり、活動する姿に頼もしさを認められるような取り組みは、高学年であれば障害の軽重を問わず、大切にしたいと思います。

小学部後半（六年生には最後）の生活を、小学部らしく思いっきり遊ぶこともちろん、学習内容としてはあってよいですが、その場合も、教師の関わり方は青年のレクリエーションに準じる姿勢をもつことが必要でしょう。

(5) 三・四年生という時間

幼児期に接続する低学年（一・二年生）、青年期に接続する高学年（五・六年生）について述べましたが、三・四年生はその中間に位置する時期です。質的に異なるライフステージの狭間のように見えますが、もちろんこの時期にもライフステージとして固有の質的価値があります。

幼児期や青年期と直接の接点を有しないこの時期は、いわばもっとも児童期らしい時期と見ることができます。

子どもらしく、仲間と共に思いっきり遊ぶ生活に浸り込めます。低学年で遊び込んできていれば、いっそう遊び上手になっているはずです。遊びに没頭したり、新しい遊びを工夫したりということ—遊びを深め、広げる—に大いに浸り込みたいものです。

三・四年生の頃は、家庭や地域でも、生活圏がさらに広がりますから、学校での生活も活動範囲を広げていくのも楽しいものです。遊ぶことも校内での遊びのさらなる充実を図ることはもとより、校外に公園や野山に遊びに出かけることもいっそうあってよいでしょう。公共の交通機関を使えば、もっと活動の幅が広がります。

ものづくりなども、楽しく、また頼もしい活動になります。ものづくりは活動であり、何のために作るのかというテーマによって、その性格は多様になります。クリスマスパーティーの装飾作りや調理は楽しい雰囲気の中で、学級の花壇の柵作りなどは一生懸命に、というように、多様なものづくりがあり得ます。三・四年生はどちらにも存分に取り組める年齢段階です。

3 中学部の生活づくり

(1) 義務教育のしめくくりとして

今日、中学部教育を語る場合、高等部への接続は自明のこととされがちです。高等部教育がそれほど普及してきたことは喜ぶべきことではありますが、その結果、中学部教育の本来の意義が歪められていないか懸念されます。

たとえば、作業学習は、中学部でも高等部でも中心的指導の形態として重視されていますが、実にしばしば、「中学部の作業学習は、高等部の作業学習とどう違うか」という問いが投げかけられ、それへの回答も実にしばしば、「高等部の作業につながる基礎づくり」という内容で述べられます。しかし、指導要領解説の作業学習の項目のどこを見ても、そのような説明は一切されていません。作業学習の本質に違いはないはずなのに、高等部を意識しすぎるが故に、中学部の作業学習の本質が歪められてしまうのです。

中学部は義務教育の修了段階です。したがって中学部では社会人となるために必要な教育をきちんと完了しなければなりません。この中学部の使命は、前述の高等部への進学状況はもとより、通常の教育において中学校から高等学校への進学がほぼ自明となっている今日、あまり意識されないのではないでしょうか。

義務教育修了という節目を大切にし、作業学習を中心とした働く生活の充実を図ることが求められます。

中学部で作業学習に取り組むのであれば、「高等部の作業班よりも売り上げを伸ばす！」といった気概が必要です。

最近ではほとんど事例が聞かれなくなってきましたが、中学部卒業段階での一般就労も本人、保護者、事業所、学校の四者の合意が形成されれば大いにあってよいことです。そのためには、中学部段階でも産業現場等における実習を積極的に位置づけていくことが有効です。後述するように、一年生は小学部からの接続ということも意識することが必要ですので、産業現場等における実習には慎重であってもよいと思います。職場見学会や企業等からの仕事を校内で請け負ういわゆる校内実習などで、実社会に直接触れながら働くことを考える機会を設けることくらいは試みたいところです。二年生になれば、学級全員で企業等に出向いて働く形での産業現場等の実習などを行い、より実社会に直結した実習に挑戦します。そして、三年生では一人一事業所での産業現場等における実習というように、実際に進路を考える機会を設けておくべきと考えます。

中学部で産業現場等における実習を考えるにしても、高等部への接続を自明とした場合には、ことさら「高等部での実習の前段階」という位置づけを論理的・段階的に行い、職場体験的なレベルにとどまっていることが少なくありません。そうではなく、中学部で義務教育は修了、社会に出ることを真剣に考えるという姿勢があってよいはずです。

(2) 小学部からの接続も意識

一方で、中学部一年生は小学部からの接続であり、その点では直ちに働く活動のウエイトを大きくしすぎることにも懸念があります。性急な社会生活への移行を意識しすぎると、固有のライフステージにおける生活の充足が阻害されるからです。中学部は、たった三年間ではありますが、思春期等の質的変化を経る多様な側面をもった時期であることにも留意すべきでしょう。

そこで、知的障害教育の教育課程の伝統の中には、高等部が作業学習中心であるのに対し、中学部では生活単元学習と作業学習を時期ごと（大体一ヶ月くらい）に交互に実施するという方法が存在しています。作業学習を大きく位置づけつつ、生活単元学習で多様なテーマの生活にも取り組めるようにするのです。もちろん生活単元学習のテーマが多様と言っても、遊びや幼児期の生活のようなテーマがよいはずがありません。ものづくりや働く活動、スポーツ等の文化的活動、青年らしいレクリエーション等々、青年期にふさわしいテーマ設定を大切にします。

(3) 高等部への基盤となることも大切に

中学部を高等部の前段階とする見方への傾斜に対して、批判的な意見を述べてきましたが、中学部が高等部に接続する学部であることもまた事実です。したがって、中学部での生活は間違いなく高等部での生活の基盤となります。「高等部に行くための生活」と見ることには賛成できませんが、「高等部に行くなら、今の中学部の生活をもっと発展させてほしい」とは願いたいと考えます。

高等部でのさらに充実した生活を願うのであれば、ことさらに中学部を高等部の基礎であるかのように学習を手控えることなく、作業学習にしても、産業現場等における実習にしても、最大限の力の発揮ができる本格的なものとして展開すべきです。そうすることで、高等部ではさらなる充実が図れます。

基礎や準備の内容に抑えて中学部の生活を完結させて高等部に接続するのと、最大限の本格的な生活に取り組み、大人として高等部に入学、さらなる発展をとげるのと、どちらがよりよい高等部教育になるのかは自明でしょう。

4 高等部の生活づくり

(1) 青年として、大人として

高等部は、義務教育段階を終えた生徒たちの学ぶ場です。同じ生活年齢ですでに社会で働く人もいますし、中学部で大人になるための教育は基本的に完了していなければいけないことを考えると、青年としての生活の徹底がいっそう求められます。

青年らしい、もっと言ってしまえば、大人らしい生活を期待したいところです。しかしながら、実際の学校生活を見てみますと「○○ちゃん」と呼ばれていたり、「○○ちゃんそれはバーっッ!」と怒られていたりという厳しい現実があります。いつまでたっても、大人として接してもらえない現実です。

　ある特別支援学校で、高等部の先生が「あの子たちはまだまだ子どもで困っています」というようなことを言われていました。しかし、もしそうだとしたら、本来頼もしい若者であるはずの高等部の生徒たちを子どもにしているのは、その先生ご自身だということに気づかなければなりません。人はどんなに大人になりたくても、周囲から子ども扱いされていれば大人になることはきわめて困難なのです。

　別の特別支援学校では、高等部の先生方のほとんどが、高等学校から異動されてきていました。校長先生は、他校の校長先生から「大丈夫？」と心配されていたそうですが、「大丈夫です！」と言いきられたとのことでした。そして、実際に教室に入ってみて驚きました。生徒たちは障害の軽重関係なく、実に青年らしく頼もしく生活していたのです。その理由は、先生方は高等学校の先生でしたから、当然生徒たちに青年らしく接していますす。そのことが、生徒たちが生活年齢にふさわしい若者となる上で、大きな支援となっていたのでした。なまじ知的障害教育が長い教師は、ともすれば生徒の知的発達にばかり目が行き、青年期にある高等部生徒たちに幼児と同じように接してしまいます。そのことが生徒たちに与える影響の甚大さ、深刻さを認識しなければいけません。特別支援学校が高等学校から学ばなければならないことは少なくありません。

(2) 青年らしく働く生活を

青年らしい生活の中心は、言うまでもなく働く生活となります。作業学習や専門教科の職業に関する教科を大きく位置づけ、現実度高く、本格的な働く生活を大きく位置づけ、展開します。「ほうれんそう」等の指導の場ではなく、本物の働く生活、生徒も教師も本気で働く生活にしていかなければなりません。

そのためには、販売を中心とする活動では、身内売りはせず、外に販路を求め、お客様に製品や生産物を鍛えていただく真剣勝負の作業を行います。ビルクリーニング等の作業でも、校内掃除でお茶を濁さずに、近隣の学校や病院など、外部に活動の場を設け、本気で働くことが必要です。

「教師も本気で働く」と述べましたが、外部を相手にする作業では、教師も本気にならざるを得ません。不良品を出せば当然厳しいクレームが来ます。「これは授業でして…」「生徒が作っているものですから…」などの言い訳は通用しません。そんな言い訳をするぐらいなら、最初から作業学習などしないほうがよいのです。厳しいことですが、この厳しさに教師自身も身をさらすことが、作業学習に教師自身も本音で惚れ込むことにもなります。本物の生活の厳しさの中で、よい成果をあげたときの手応えもまた本物です。「お仕事ごっこ」ではない、教師自身も夢中になれる作業がそこにはあります。

通常の教育での授業も含め、どんな授業であっても、教師自身がその内容に惚れ込んでいなければ、その魅力や価値を子どもに伝えることはできません。働く生活を授業として展開するときもそうです。教師自身がその活動に本音で惚れてこそ、生徒たちもその魅力や価値を自分のものとすることができます。

(3) 青春の一コマを青年らしく

働く生活を中心に、と述べましたが、そのことは、働く生活のみということを意味しません。青年期にしか得られないかけがえのない活動は働く活動以外にもあります。スポーツ大会や文化的な活動、本気で取り組む登山等々、青年らしい青春の一コマというべき活動も高等部の生活には不可欠です。

働く活動を中心に据えながらも、これら青春の一コマというべき活動を週日課上の作業学習の前後の時間や、年間計画のある時期などに適切に設け、展開していくことが大事です。「余暇の学習」などとつまらないことは言わないで、青春を燃焼するような、今しかできない充実の時間として展開したいのです。

⑤ 日々の生活の豊かな充足を図る「できる状況づくり」を

以上、学校生活のライフステージごとに、ふさわしい活動があること、そしてその活動を本物の生活として展開していくことを述べてきました。

本章では、「本物の生活を子ども主体に」が「各教科等を合わせた指導」の本質と述べました。そして、その中には、生活が本物であること、子ども主体であること、の二つがあると述べました。ライフステージごとの生活のありようは、生活が本物であることにかかわることでした。では、もう一つの、子ども主体であることにかかわってのポイントは何でしょうか。

それは、「できる状況づくり」です。

どうすればライフステージごとのかけがえのない生活で、一瞬一瞬の充実を図ることができるか、それはそれぞれのライフステージにふさわしい活動に、子どもが主体的に（自分から、自分で、精いっぱい）取り組める生活づくりをしていくことに尽きます。そのための「できる状況づくり」に全力を傾けることが、我々教師の役目となります。

前述のように、「できる状況づくり」は、知的障害教育が大切にしてきた実践論です。「できる状況」とは、「精いっぱい取り組める状況と首尾よく成し遂げられる状況」と規定されます。「できる状況」がつくられれば、どの子も、その子らしく「できる子」になります。「できる状況づくり」を心がけていくと、子どもを見る目も変わってきます。「できない子」ではなく、「できない状況に置かれがちの子」「できない状況に置かれている子」と見るようになります。子どもができないのではなく、子どもは本来できる子であるけれども、「できない状況」が周囲にあると見るのです。この視点は、子どもを肯定的に見ることになり、そう見るとどの子も頼もしい存在と認められるようになります。また周囲の支援の不足が「できない状況」として浮かび上がってきます。この「できない状況」を解消し、「できる状況づくり」に励むのが教師の仕事であると明確化できます。

どの子にも「できる状況づくり」を最適化し、それぞれのライフステージにふさわしい活動に、主体的に取り組める、そういう生活づくりを日々積み重ねていくことこそが重要です。そのような生活の一瞬一瞬の積み重ねの先に、将来の豊かな生活も確かに存在するのです。

Ⅴ

「各教科等を合わせた指導」の学習評価

1 今日的課題としての学習評価

特支新指導要領の公示に伴って、「各教科等を合わせた指導」の学習評価に対する関心が高まっています。

特支新指導要領の解説には、「各教科等を合わせて授業を行う際には、（中略）各教科等の目標及び内容に照らした学習評価が不可欠である。」という記述があります（『特別支援学校教育要領・学習指導要領解説総則編（幼稚部・小学部・中学部）』文部科学省、二〇一八年）。

もとより教育ですから学習評価は不可欠ですが、あえてそのことが「各教科等を合わせた指導」において強調されていることで、関心をいっそう高めていると考えます。

二〇一九年一月には、中央教育審議会初等中等教育分科会教育課程部会から、「児童生徒の学習評価の在り方について（報告）」（以下、「学習評価報告」）が出されました。

この学習評価報告では、観点別評価を、「知識・技能」「思考・判断・表現」「主体的に学習に取り組む態度」の三観点で行うこととしています。これらは、育成を目指す資質・能力の三つの柱である「知識及び技能」「思考力、判断力、表現力等」「学びに向かう力、人間性等」に対応しています。

観点の三つ目は、「主体的に学習に取り組む態度」となっています。「学びに向かう力、人間性等」について、学習評価では、「①『主体的に学習に取り組む態度』として観点別評価を通じて見取ることができる部分と、②観点別評価や評定にはなじまず、こうした評価では示しきれないことから個人内評価を通じて見取る部分があることに留意」する必要が指摘されており、「学びに向かう力、人間性等」のうち、観点別評価に馴染むものとして、「主体的に学習に取り組む態度」をあげたものと言えます。ちなみに上記引用の②、観点別評価等に馴染まないものとして、学習評価報告では、「感性、思いやりなど」をあげています。もとより、「学びに向かう力、人間性等」は、学校教育法第三〇条にあるいわゆる「学力の三要素」の三つ目、「主体的に学習に取り組む態度」を内外の学力観を精査して敷衍したものです。新しい観点「主体的に学習に取り組む態度」は、「学びに向かう力、人間性等」を評価観点として整理した結果、「学力の三要素」の表記に帰着したということも言えます。

学習評価報告では、知的障害教育における学習評価について、次のように述べています。

「知的障害者である児童生徒に対する教育を行う特別支援学校の各教科においても、文章による記述という考え方を維持しつつ、観点別の学習状況を踏まえた評価を取り入れることとする。」

以上の指導要領解説や学習評価報告の記述から、以下の二点を指摘することができます。

○「各教科等を合わせた指導」において、各教科等の目標及び内容に照らして評価する。

○「各教科等を合わせた指導」において、観点別評価を実施する。

いずれも実践現場に動揺をもたらしている側面があると筆者は見ていますが、これらは知的障害教育における「各教科等を合わせた指導」の本質を揺るがすものではなく、むしろたいへん正当な評価論ということができます。以下のその点を考えていきましょう。

2 各教科等の目標及び内容に照らした評価

「各教科等を合わせた指導」は、法令上も教育内容論上も、その内容は各教科等の内容に尽きます。知的障害教育の学習指導要領が制定されたのは一九六三年ですが、その時点から、知的障害教育の教育内容は、各教科等に分けて示されてきました。ですから、子どもが学ぶべき内容は、以来今日まで、教育内容論的には、各教科等がすべてであり、それ以外のものは想定されていません。それは、各教科等を合わせて指導しようが、分けて指導しようが同じです。

ですから、各教科等に分けて指導しても分けずに指導しても、学習の達成状況の評価を行う場合、「どんな力が養われたか」ということであれば、各教科等別に評価することは当然可能です。

筆者が教諭時代を過ごした千葉大学教育学部附属養護学校では、当時は「教科別の指導」は行っておらず、「各教科等を合わせた指導」が大きく位置づけられていました。その指導で子どもたちは確かな育ちを実現していました。しかし、指導要録は、各教科等別に記載することになっていました。年度末になると指導要録を記入するのですが、そこで筆者は、書きづらいと思った記憶がありません。むしろ「各教科等を合わせた指導」で実際的・総合的に養われた子ども一人ひとりの力を思い出し、「これは数学だな」「これは国語だな」と整理することができました。

「各教科等を合わせた指導」は、各教科等に分けられる以前の未分化で総合的な生活活動を内容としています。しかし、だからこそそこには生きた形で豊かに各教科等の内容が含まれているのです。指導要領にある各教科等の内容に学びつつ、そのような生きた各教科等の内容を、未分化な生き生きとした生（なま）の生活の中から見出せる目を、教師は養わなければなりません。

一方で、「各教科等を合わせた指導」が、各教科等の「寄せ集め学習」になってはいけないことも厳に肝に銘じたいところです。生活本来の中にある各教科等が大事なのであり、各教科等の内容を集めて組み立てるということは避けます。

このことは、従来から料理と栄養素の例で説明されてきました。質の高い料理には、よい形で栄養素が含まれているように、質の高い生活にも、よい形で各教科等の内容が含まれているのです。おいしいフランス料理に、「ちょっと鉄分が不足かな」と、鉄のサプリメントの錠剤をトッピングしたりしたら、その料理の価値は一気に下がってしまいます。サプリメントのように栄養素別に摂取することが有効なように、教科の内容を取り出して指導する方法ももちろん有効です。そして、それは「教科別の指導」の役割となります。

「各教科等を合わせた指導」「教科別の指導」それぞれの役割を混同しないことが大事です。

しかし、学習評価では、いずれも各教科等の習得が図られるのですから、同じ方法を用いることが可能です。

[3] 観点別評価

観点別評価は、多くの知的障害教育の現場でこれまで実践されてきませんでした。そのため、この導入についても戸惑いが見られるのが現状と判断します。

しかし、そもそも観点別評価が、なぜ学校教育に導入されたのかを考えれば、この戸惑いの解消のヒントが見えてくると思います。

観点別評価は、我が国学校教育が、量的な知識・技能の習得に傾斜していたことを改善するために、学習の質的側面を明らかにするために導入されてきました。単に「できた・できない」ではなく、観点を設け、質的に豊かな評価をしていこうというものです。

ところが、知的障害教育における学習評価は、従来より叙述型の、記述による評価を基本としていたことから、自ずと質的な評価を行っていました。ですから、観点別評価による改善という問題意識も生じにくかったのではないかと筆者は考えています。いわば、観点別評価が目指すものと、これまでの知的障害教育が行ってきた学習評価が目指すものが同じということです。

そう考えれば、観点別評価は、知的障害教育における学習評価に馴染むものということができます。これまでの記述による評価を、観点別評価で用いる三つの観点で見直すことで、その評価の質的側面をいっそう豊かに確認することも可能になると考えます。

新指導要領は、通常の教育と知的障害教育の連続性を重視していますので、評価方法もそろえることで、学習成果の共有が図りやすくなります。

学習評価報告では、「知的障害者である児童生徒に対する教育を行う特別支援学校の各教科においても、文章による記述という考え方を維持しつつ、観点別の学習状況を踏まえた評価を取り入れる」とされています。文章による記述という知的障害教育における学習評価の実績を基本に、観点別評価もしていかれればよいのではないでしょうか。「各教科においても」ということも重要です。観点別評価を行うことで、単なる知識・技能ではない、生きた学習内容としての教科を評価することができれば、「各教科等を合わせた指導」と、前述の各教科等による学習評価はいっそう馴染みやすくなります。

なお、観点別評価を行うに当たって筆者が重視するのは、三観点を別々に捉えるのではなく、「各教科等を合わせた指導」本来の目標達成状況を先に把握し、その内容を観点別に評価するということです。観点はあくまで観点であり、本来の目標の達成を多面的に見ていくためのものです。観点を独立して別々にするのではなく、あくまで本来の授業の目標の達成があり、それを観点別に見ていくのです。

本来の授業の目標を「水」にたとえるとすれば、水を「味」という観点から見れば「無味」、「色」という観点から見れば「無色」、「温度」という観点から見れば「冷たい」という具合に描写できます。こういうふうに描写することで、水は豊かにイメージできます。「無味」も「無色」も「冷たい」も、別々のようですが、同じ水のことです。

観点別評価も同じで、一つの授業の目標を観点から多面的に理解していくことが大事です。その点では、観点別評価に先立って、授業本来の目標の達成を確認し、明文化・明示化しておくことが必要です。そうすることで、観点別評価もぶれたり、バラバラになったりしないで、統一感をもって行うことができます。

4　「各教科等を合わせた指導」本来の生活に即した評価を前提に

各教科等の目標及び内容に照らした評価、観点別評価それぞれについて、「各教科等を合わせた指導」においても正当な評価であることを述べてきました。

しかし、現場の先生方であれば、なお不安や戸惑いが残るのではないでしょうか。なんといっても、「各教科等を合わせた指導」は、各教科等であろうと、観点であろうと、そういうものに分かちがたい、生（なま）の生活を内容としているのですから、それを分析的に評価することに抵抗感をもたれる先生方は少なくないと思います。

これは、納得のいく抵抗感、不安、戸惑いであると筆者も思います。「各教科等を合わせた指導」の本質を正しく理解していればこその戸惑い等です。

この戸惑い等を解決するには、各教科等の目標及び内容に照らした評価、観点別評価それぞれのところで述べましたように、やはり学習評価では「各教科等を合わせた指導」本来の生活上の目標の達成をきちんと把握することを優先していくことが極めて重要です。「各教科等を合わせた指導」は、子どもが生活の中で生き生きと力を発揮し、生活上の目標を達成していくことに、本来の目標があります。「発揮する力」は生活単元学習であるか日常生活の指導であるかなどで具体的に違います。単元ごとにも違います。しかし、その具体的な「発揮する力」を、子どもが主体的に発揮し、生きた確かな力としているかを見取ることは、どの授業でも共通の作業です。そこで得られた学習評価に基づいて、各教科等の目標及び内容に照らした評価も、観点別評価もしていくことが大事です。

5 「分けない指導」と学習評価

各教科等の目標及び内容に照らした評価にしても、観点別評価にしても、分析的な評価を行うという点では共通しています。「各教科等を合わせた指導」を正しく理解し、熱心に実践されている先生方には、この分析的な評価ということに抵抗を感じることが多いのではないでしょうか。つまり『「各教科等を合わせた指導」』は『分けない指導』なので、分析的な評価は不適切ではないのか」という抵抗感です。

「各教科等を合わせた指導」は、従前より各教科等に「分けない指導」として理解されてきました。このことを示す公的な文書はいくつかありますが、養護学校学習指導要領（一九八九年）の解説書では、次のように述べています。

「精神発達の未分化な児童生徒に対しては、総合的な学習活動が、適合しやすいため、実際の指導を計画し、展開する段階では、指導内容を教科別又は領域別に分けない指導、すなわち、領域・教科を合わせた指導の形態が大切にされる。」

「分けない指導」すなわち「合わせた指導」という表現をすることで、「分けない指導」か「合わせた指導」かという二者択一の議論ではなく、両者の側面を有する弁証法的な概念として「各教科等を合わせた指導」を規定しているのです。教育課程編成において、教育内容を分類・整理する段階では、各教科等に分けて内容を示していますから、この観点から見れば、「各教科等を合わせた指導」は間違いなく「合わせた指導」です。一方、実際の指導段階では、それらの各教科等を実際的かつ未分化に含んでいる実生活を内容とします。実生活は本来、各教科等に分けられない形で存在していますので、このような指導段階での視点で見れば、「分けない指導」なのです。

前記引用の解説書がもし、「分けない指導」と「合わせた指導」を「すなわち」でつなぐのではなく、「『分けない指導』ではなく『合わせた指導』」あるいは「『合わせた指導』ではなく『分けない指導』」と言ってしまっていたら、事態はすっきりしたでしょうが、「各教科等を合わせた指導」の多面性を描き出すことはできなかったでしょう。

以上のように考えれば、「各教科等を合わせた指導」は確かに「分けない指導」ですが、教育内容を各教科等で捉えることが可能な「合わせた指導」でもあるのですから、その点で、分析的な評価をすることに臆病であってはいけません。ただし、前述のように、そのような分析的な評価を行うことが、「寄せ集め学習」を導いてはいけないことも肝に銘じなければなりません。

「分けない指導」と考えることとかかわって、各教科等の目標及び内容に照らした学習評価を行う場合、全部の各教科等について評価を行うことになるのか、ということは現場的には課題になろうかと思います。理論上、それは可能であると思いますが、実際の単元ごと等の評価では、その単元に端的な教科等に絞って評価してもよいと、筆者は考えます。

「分けない指導」という考え方が成立した経緯として、学校教育法施行規則第一三〇条の二において「全部」を合わせるということが規定されたことがあげられます。全部を合わせると考えれば、部分に分かれる前の生（なま）の生活そのものを意味することができるだろうという考え方です。ですから、少なくとも既存の日常生活の指導、遊びの指導、生活単元学習、作業学習については、各教科等の全部を合わせたものとして理解することになります。

しかしこのことは、それぞれの授業で、全部の各教科等がまんべんなく含まれているということを意味しないと筆者は考えます。単元のテーマや活動、活動のスパン（本時のみか、単元期間中か、単元横断で年間を通じてか、など）によって、各教科等の含まれる内容の濃淡は当然あります。単元「スポーツ大会」であれば、当然体育の内容が多くなるでしょう。単元「プレゼント作り」であれば、図工や美術の内容が多くなるでしょう。また、単元期間を通じて指導された各教科等の量や割合と、本時のみで指導された各教科等の量や割合には違いがあって当然です。単元は生活の一コマですので、その一コマをどのスパンで切り取るかによって指導される各教科等の量や割合には違いが生じます。

このことは、前述の料理と栄養素の例で考えてみても成り立つと思います。料理はすべて栄養素を分かちがたく含むもの（栄養素を集めて作られたものではない）ですが、だからといっておにぎりとサンドウィッチでは栄養素の内訳は当然違うでしょう。「各教科等を合わせた指導」で展開される生活活動も同じで、リアルに考えれば各教科等の内容の扱いには多様性があって当然です。全部を合わせたと考えることで、分けない生活として理解される「各教科等を合わせた指導」の内容ですが、さまざまな条件の下では濃淡は当然あり、その濃淡に着目して各教科等を分析し、端的な教科等についてのみ評価することもあってよいと考えます。

6 「自分から、自分で、めいっぱい」を本音で評価する

学習評価を考える本章の最後に、やはり「各教科等を合わせた指導」を愛する教師の本音の学習評価の姿勢を述べます。それは、子ども一人ひとりに生き生きとした、主体的な姿を目指し、その姿が実現できたかを評価する姿勢です。

筆者の恩師である小出進先生は、「自分から、自分で、めいっぱい」「自分から、自分で、精いっぱい」という言葉をよく使われていました（『知的障害教育の本質―本人主体を支える』

小出進著、二〇一四年、ジアース教育新社。『生活中心教育の理念と方法』小出進著、二〇一〇年、ケー アンド エイチ。他）。この言葉は、前述の自立的・主体的生活の意味を具体的に示す言い回しの一つであるように思います。筆者は、「自分から、自分で、めいっぱい」「自分から、自分で、精いっぱい」を次のように理解しています。

「自分から」は、自ら見通しをもってなす自発性としての主体性を意味します。

「自分で」は、自分の力を発揮して活動すること、すなわち自力性としての主体性を意味します。

「めいっぱい」「精いっぱい」は、いずれも本質的に同じ意味で、主体性の思いの部分、情意での主体性を意味します。

この姿を、子ども一人ひとりに実現できたかを、単元ごと、授業ごとに見取り、評価していくことが、「各教科等を合わせた指導」の本音レベルでの評価です。しかし、この評価には難しさも伴います。

「自分から」「自分で」は、行動として外から見取ることができる主体性の側面ですが、それだけでは、十全な主体性とは言い切れません。そこで、人の内面性である「めいっぱい」「精いっぱい」という、いわば内面的な主体性の側面が不可欠となります。

内面的な主体性の見取りは、教師が共に生活する仲間として、子どもと共に活動し、子どもに共感することによって、理解への努力がなされます。「内面がわかった」というのは、教師の傲慢につながりますので、どこまでも理解する努力が大事になります。でも、子どもと共に生活する教師であれば、それを直観的に把握することは全く不可能ではないはずです。

筆者が学生の頃、ある授業研究会に参加しました。そこで講演をされた先生は「先生方は、よく『生き生きしていた』とかいうけど、そんなこと言ったって、何をもって生き生きしているかなんてわからない」と手厳しい指導をされていました。筆者は、大学に戻り直ちに、ゼミの指導教官であった小出進先生にこの言葉を報告しました。すると小出進先生は即座に、「教師なのに、子どもが生き生きしているのもわからないのか」と言われました。恩師のこの言葉は心に深く刻まれ、その後の教師としての筆者の子ども理解の柱になっています。

もちろん、内面の理解といっても、テレパシーとか以心伝心とかでわかるということではありません。しかし、「ああ、Aさん、今日は生き生きしていたなあ」「Bさんは、今日は生き生きと活動できていなかった」ということを、教師は日々、実践の手応えとして感じているのです。それは主観であり、直観です。この主観、直観を、学習評価において大切にしたいのです。その上で、これらの思いを言語化していくことが求められます。

子どもの姿に対する教師の直観に基づく思いは、確かに直観的に感じているのですが、その根拠はどこまでも五感で教師が把握した何らかの事実によります。直観的に思いを感じ、その直観の根拠となる事実を明らかにして言語化していくことが、学習評価として求められる大切な作業です。

「各教科等を合わせた指導」を実践する教師には、「自分から、自分で、めいっぱい」「自分から、自分で、精いっぱい」の姿を実現する授業づくりに努め、その姿の実現を正しく評価していく努力が求められます。

こうして得られた評価に描かれる子どもの姿には、豊かな力の発揮や育ちが確かに見出されます。その力は、各教科等の目標及び内容に照らした評価においても、観点別評価においても、豊かに評価できるものです。

Ⅵ

「リアルの教育学」
〜まとめにかえて〜

1 学校教育が実社会と遊離する事態

学校教育には、さまざまな理念が存在します。その理念を出発点ないし基盤として、それぞれの現場、それぞれの教師が、多様で豊かな教育を実践しています。

理念なき教育は単なる方法論になり、行くべき方向を示し得ないものとなります。

筆者は、教育の理念というものに、人一倍こだわりをもっていると自負しています。

筆者の場合は、「子ども主体の本物の生活」が、恩師である小出進先生から学んだ大切な理念です。本書もそのような理念に基づいてまとめられました。

教育の理念は多様であってよいし、それぞれの理念を出発点ないし基盤として教育実践をすることが大切です。

しかし、このことが時として、演繹的に進められる結果、その実りとなる教育実践が、実社会の価値観や常識（おそらく普遍の常識というものはないと思いますが、ここでは蓋然的に）と遊離してしまうことがあるように、筆者は感じています。

一つひとつの論理的な演繹は正しいのですが、それを積み重ねた結果、実社会との遊離が生じてしまうということです。その最たる例は、学校における体罰でしょう。実社会では容認されることのない、他者を殴ることも、教育的に正当化されていた時代がありました。

そのことだけを誠実に突き詰めて考えていくことが、結果として、強い確信を伴って実社会との間の遊離を導いてしまうのは皮肉なことです。

学校教育が「開かれた学校」に舵を切り、新指導要領が「社会に開かれた教育課程」を主軸としていることは、このような学校教育と実社会との遊離を解消する営みでもあると言えます。

知的障害教育は、戦後当初より「生活の自立」を目標として発展してきました。その目標の下で期待されるのは、実社会の中で、生き生きと生きていく姿です。そのような姿を追究する学校が、実社会と遊離していてはたいへんなことになってしまいます。しかし、知的障害教育は、初期の実践において「現実度」という言葉で教育実践を考え、実社会に根ざした教育を展開してきました。今風に言えば、リアルに教育を考えてきたのです。

筆者は、自身の教育に対する考え方を「リアルの教育学」と称してきました。本書ではじめて、その言葉を文字化し、以下にそのための思考のあり方を素描してみたいと思います。

2 なぜ、「リアルの教育学」か

筆者は、自身の考え方を、「リアルな教育学」ではなく、「リアルの教育学」と称していま す。「リアル」を形容詞ではなく名詞で使用しています（もちろん英文法の話ではなくカタカナ言葉の日本語としてです！）。その意味するところを、ここでは述べます。

「リアルな教育学」というように、「リアル」を形容詞で使用すると、教育学をリアルに考えるという側面が強調されます。筆者の「リアルの教育学」には、そのような側面は確かに存在しています。しかし、それだけではとどまらず、より本質的に「リアル」を考えたいのです。

つまり、知的障害教育の先人が提起してきた「現実度」の概念に学びつつ、「リアル」で表現される本物の生活それ自体の中に、教育学の本質があると考えるのです。一言で言えば、

「リアルの教育学」では、「本物の生活がもつ教育力を信じる」ということです。このような思いを込めて、「リアルな教育学」ではなく、「リアルの教育学」と称しています。

本物の生活がもつ教育力を信じ、本物の生活がもつ教育力の本質を明らかにしていくことに、「リアルの教育学」の方向性があります。

筆者の「リアルの教育学」を着想するに至った思想ないし思考である「現実度」という考え方を提唱された我が国知的障害教育の父であられる三木安正先生は、次のように「現実度」の概念を説明されています。

「よく遅滞児の教育は具体的でなければならないというが、これは、むしろ現実度という概念におきかえた方が適当だろう。ただ具体的というだけでは、いわゆる物理的環境の問題にすぎないからである。」（『精神遅滞児の生活教育』三木安正編、一九五一年、牧書店）

ここで、三木安正先生は、「現実度」を、「具体的」という言葉と対比して論じられています。「具体的」を「物理的環境の問題」とされた上で、「現実度」がその範囲にとどまらないことに言及されています。

「リアルの教育学」における「リアル」も、単に現実の物理的環境や事実そのものだけではなく、現実の中に存在する「意味」といった質的側面も含み込むものとして考えています。

形式的なリアルではなく、本質的なリアルを追究する姿勢を明確にするのが「リアルの教育学」です。

つまり、授業づくりにおいて、形だけが本物らしい、もしくは本物そのものであったとしても、そこに本物の生活としての意味が相伴っていなければ、その授業にリアルはない（「現実度」がない）ということになります。

また、「リアルの教育学」では、子ども理解、授業づくり等々、教育にかかわるすべての場面で、思考にリアリティを追究します。そのための思考のあり方として、「帰納的な思考」、「弁証法的な思考」、そして「蓋然的な思考」の三つが重要になります。

3 帰納的な思考

「リアルの教育学」に不可欠な思考は、帰納的な思考です。理念から教育を演繹・具体化していくことも必要ですが、一方で、実践現場や実社会のリアルな現実からあるべき教育を構想していくことがいっそう重要です。

作業学習で、「学習」として形式的な報告方法を学んだ人が、卒業後の職場で、「報告が頻繁で困る」と苦言を呈されたり、学校で教わったとおりに報告したら職場の人に笑われたり、ということを耳にします。その人は、学校ではしっかり学んで、模範的な報告を身につけたのでしょう。しかし、学校が教えた報告の方法は、いつしか実社会でのそれと遊離していたのです。これは明らかに学校教育の責任です。

「職場では報告が必要だ」「報告にはこれこれの内容が必要だ」という、それ自体は間違っていない一般論から始まって、授業の中で不自然な報告方法が展開されてしまうのは、演繹的な思考の残念な結果と言えます。「学習には繰り返しが有効だ」という、これもまた一般論としてはうなずける方法論を適用し、職場でその頻度を問題にされるほど頻繁に報告する方法を身につけてしまったことも、同様な残念な結果です。

理念や正論からの演繹を否定するものではありませんが、「実社会では」「普通は」という視点から、教育を組み立てていくことを忘れてはいけないと考えます。

実社会のリアルから、教育目標を取材する思考が求められます。

筆者の恩師である小出進先生は、筆者の若いときに、「小出流帰納法」ということを話してくださったことがあります。小出進先生は現場での「とは論」(「教育とはこういうものだ」のような論)、「べき論」(「教育とはこうあるべきだ」というような論)を嫌っていらっしゃいました。現場のリアルな実践から理論をつくっていくことの大切さ、現場のリアルの大切さを教えてくださったのではないかと思います。

帰納法だからといって、理念不在であっては、教育はあるべき方向を見失います。実社会のありようも多様です。実社会でそうしているからということで何でも正しいと判断することは無責任です。理念を堅持し、理念が有する価値観から実社会の現実を見て、判断していくことが求められます。

4 弁証法的な思考

教育の世界において、今日までさまざまな論争が行われてきました。知的障害教育においても戦後、「生活か教科か」「経験主義か系統主義か」「生活か発達か」「一般就労か福祉就労か」等々、さまざまな論争がありました。これらの論争は多くの場合、「あれか、これか」の二者択一の議論に終始し、互いに他を否定し、時には人格的な中傷にも及んでいました。

しかし、実社会の現実は、そう簡単に二者択一に割り切れることばかりではありません。まして知的障害教育は公教育ですから多様な価値観を受容することが必要ですし、子どもが生活する実社会もまた多様です。それぞれの立場から議論を演繹し、意見の相違をぶつけ合うことに、そもそもリアリティがないことは少なくないと筆者は考えます。

理念を堅持し、しかも異なる理念や状況も認め、「あれか、これか」ではない弁証法的な結論を導くことが必要です。このような思考もまた、「リアルの教育学」には必要な思考です。

小出進先生は、「生活か教科か」の論争の最も激しい時代に、子ども主体の生活を大切にする教育の理念を掲げ、その理論化を成し遂げられました。しかしその一方で、小出進先生の論考には、「△△よりは、○○」「△△すなわち○○」という表現が多く見られます。「△△ではなく、○○」よりは「△△よりは、○○」「△△すなわち○○」という表現をされることで、対立的な視点を超えた、大局的で現実的な視点から事態を把握し、あるべき方向を示されたと筆者は理解しています。

小出進先生が、知的障害教育を初めとする教育福祉等で残された重要な業績は多くあります。前述のように、小出進先生が、子ども主体の生活を大切にする教育を理論化・体系化されたことは、我が国における知的障害教育史において周知の業績です。一方で、「生活か教科か」の論争を弁証法的に解決されたことを、筆者は小出進先生のもう一つの大きな業績と考えています。

すなわち、教育課程の二重構造性を提起し、教育内容としては教科による分類・整理を位置づけ、指導段階で教科等に分けない総合的な指導（「各教科等を合わせた指導」）を位置づけることで、それまで対立的に理解されていた生活と教科を、内容把握段階と指導展開段階において調和的に理解できるようにしました。しかもその理解の根底には、本質的に子ども主体の生活を大切にする理念があり、よって教科という教育内容を生活に根ざしたものとするという、教科の概念の拡大を図りました。このことは、一九七〇年代における小出進先生の業績ですが、今日的なコンピテンシーベースの教科観に通じるものと言えます。

私たちは、つい自分の理念や理論こそ唯一最高と思いがちです。しかしリアルに考えれば、現実の生活においては、教育には多様な価値観があり、また子どもの生活も多様性を有しています。したがって、倫理的な問題等、教育の範疇を超えた問題を有しない限り、完全に否定されるべき教育論や指導法はほとんどないと考えられます。そのような中で、「あれか、これか」で互いに他を否定し合うのではなく、弁証法的な思考をしていくことも、「リアルの教育学」に求められる思考法です。その意味では、「演繹か帰納か」「演繹か弁証か」なども、リアルに考えればケースバイケースです。「ねばならない」に固着しないことも「リアルの教育学」の思考です。

ところで、「あれか、これか」ではない思考ということで弁証法的な思考を話題にしましたが、それは「あれも、これも」（いいとこ取り）とも異なることを申し添えます。「あれも、これも」は、相互の理解の不足による表面的な調和になりがちです。「リアルの教育学」における弁証法的な思考では、それぞれの立場を理解し、認め、その上で、望ましい方向を提案することになります。その意味で、他者への尊敬と、自身の理念への責任を伴う思考でもあります。

自分の考えを絶対と思わず、異なる考えへの理解を深め、異なる考えに自分の考えを晒し、その上で自分の考えを精錬する。そして、自分自身の理念を、責任をもって主体的に決断する。自身の理念や考えに責任をもった主体的な選択をすることもまた、「リアルの教育学」における弁証法的な思考のもう一つの側面と言うことができます。

このような弁証法的な思考には、安易な「あれか、これか」や「あれも、これも」にはない、理念への責任の自覚が伴います。

このような確かな理念を有していることが、自分とは異なるとは言え他者が大切にしている理念を尊重し、自分とは異なるとは言え理念をもって生きる他者への尊敬につながるのです。

「リアルの教育学」に根ざした弁証法的な思考は、それが他者に向けられた場合は、他者への尊敬と寛容を導き、自身に向けられた場合は、自身の主体的な決断と責任を導くといってもよいと考えます。

ちょっと堅い話になってしまいましたが、いずれにしましても、ついつい熱くなりがちな「あれか、これか」の議論ですが、ちょっと肩の力を抜いて、リアルに考えれば、お互いの居場所は確かに実社会の中にあるものです。

筆者は、「各教科等を合わせた指導」を愛して止みませんが、そのような思いをもつ先生方と話していると、「教科別の指導」への手厳しい批判に接することがあります。「あの内容を教えることに意味があるのか」「教師主導ではないのか」等々課題が指摘され、「だから『教科別の指導』はダメだ！」といった議論です。このような個別の授業の事実に即した演繹的な議論を聞いていると、なんとなく「そうかなあ」と思えたりするのですが、ちょっと肩の力を抜けば、「教科別の指導」で成果を上げている実践現場や先生は少なくありません。自分の理念が正しいと信じる信念は筆者も譲れないものをもっていますので共感しますが、それをもって他を直ちに否定してよいかということになると話は別です。教育とは思った以上に懐が深いものです。「リアルの教育学」に根ざした弁証法的な思考は、そのような教育の深みへの理解と共に、異なる他者への尊敬、自身の実践への自信と心の余裕を与えてくれます。

5 蓋然的な思考

ごくごく簡単に考えれば、「ざっくりと考える」ということでしょうか。「リアルの教育学」において、帰納的に思考する場合も、弁証法的に思考する場合も、蓋然的に思考していくことが、リアルに教育実践を考えていく上で有効です。すでに述べましたように、「リアルの教育学」ではもちろん、演繹的な思考も否定しませんが、演繹的に思考する場合は、いっそう蓋然的な思考は不可欠となります。

経験主義の祖とされるジョン・ロックは、その著書『人間知性論』で次のように述べています。少し長いですが、引用します。

「私たちのうちにともされたともしびは、私たちの目指すすべてをじゅうぶん明かるく照らすのである。このともしびで見いだせる発見は、私たちを満足させるはずである。で、私たちの機能に合った仕方と割合いで、また、私たちに示されるかぎりの根拠にもとづいて、すべての事実を心に抱き、蓋然性だけがえられるようなところで高圧的もしくは過度に論証を要求せず、絶対確実性を求めないとき、そのとき私たちは知性を正しく使うのだろう。そして、私たちの気にかけることはすべてこうした蓋然性で律してじゅうぶんなのである。もし私たちがあらゆる事物《もの》を絶対確実に知ることができないからといって、いっさいを信じないとしたら、私たちのふるまいの賢さの度合いは、飛ぶ翼をもたないからといって足を使わずにじっと坐って死のうとする者と変わらないだろう。」（『人間知性論』（一）ジョン・ロック著、大槻春彦訳、一九七二年、岩波書店。引用は同書のまま）

ロックのこの文章は一七世紀後半のものであり、難解な言い回しをしてはいますが、蓋然的な思考のリアルの側面を、私たちに教えてくれます。何かを突き詰めなければ先に進めないという思考は、学問的に否定されるものではないと考えます。飽くなき真理探究は学問の使命であるとも考えます。

その一方で、リアルな生活現実に目を向ければ、何もかもその意味を突き詰め、疑問がまったくなくなったところで受け容れているというような事柄は極めて限られているのではないでしょうか。たとえば、目覚まし時計が確実に時間を教えてくれるとは誰も断言できません。だからといって、目覚まし時計を信用しないならば、生活はずいぶん窮屈になります。もっと切実なこととしては、私たちを支える家族や友人の愛情も、突き詰めて疑い得ないところまで論証したから信じているのではありません。蓋然性の中で、それを信じ、受け容れているものが、リアルな生活にはたくさんあります。何もかも突き詰めて納得・確信しなければ前に進めないとしたら、ロックのいうように何もできなくなってしまうでしょう。

また、演繹的に思考する場合はもちろん、帰納的に思考する場合であっても、弁証法的に思考する場合であっても、どのような思考方法をとるにしても、あまり突き詰めすぎてしまうとかえってリアリティのない結論に達してしまうことも多々あります。特に生（なま）の生活にかかわることを問題にするときに、思考や議論を突き詰めすぎると、「正しいけれども、しっくりこない」ということは大いに起こります。

たとえば、おいしいお茶一杯を飲んだとしましょう。そのときに感じるおいしさは、「爽やかな苦み」「喉ごしの柔らかい熱さ」「飲んだ後に口の中に残る甘み」などと説明すれば、「なるほど」と思います。それに対して、「苦み成分の○○が一○○㎖中○％含有されていること」「苦み成分は○○と○○と○○が含まれていないとダメで」「温度は○度で」等々、細かく説明しても、聞き手は興ざめしてしまうでしょう。

それと同じように、授業づくりの過程でも、子どもの生活や活動の様子等も、あまり細かく理詰めで書かれると、かえってその子本来の姿がイメージしにくくなってしまいます。

また、これもたとえばですが（実際に同種の議論はありますが）、小学部・中学部の指導要領解説で日常生活の指導について、「日常生活の指導は、生活科を中心として、特別活動の〔学級活動〕など広範囲に、各教科等の内容が扱われる」とあることから、「中学部には生活科がないが、これはどう考えるべきか」といった議論が起こることもあります。これも突き詰めて考えるといろいろな意見が出てきそうですが、中学部や高等部にも小学部の生活科と同じ趣旨の内容を含む各教科等は存在しているわけですから、蓋然的に考えれば、そんなに難しい議論は必要ありません。むしろ蓋然的に考えることで、本来の文意がよく了解できるとも言えます。すなわち、「生活科を中心として」という記述があることで、学部を超えて日常生活の指導が大切にすべき内容の性格がわかりやすくなります。

筆者は子どもの頃、典型的なテレビっ子でしたが、テレビの映像をもっとしっかり見たいと思って、大きな虫メガネでテレビを見てみたことがありました。そうすると、どの場面を見ても同じ、光の三原色の丸や棒（機種によって違いました！）がきれいに並んでいるだけだったことに驚いたことがあります。テレビで見る感動的な映画も、拡大すると光の三原色の幾何学的な配列に過ぎない、これは紛れもない真実です。でも、ここまで拡大せず、ざっくり見ていれば、感動的な映画に戻ってくれます。

物事を突き詰めることは間違ったことではない、むしろ正しいことでさえあります。しかし、突き詰めることをあるところまでで止めることも、事態をリアルに捉える上では重要な、正しい思考法になります。

では、突き詰めることをどこで止めたらよいのか、これは難しい問題です。帰納的な思考、弁証法的な思考、いずれにおいても、実社会の現実をどこかで踏まえていくことで、「あ、これはリアルではないな」と気づきやすくなると考えます。複数の人間で考えていくことも、気づきやすい状況づくりになります。特に、演繹的に思考する場合は、複数の人間で考えていくことで、論理の突き詰めによる独りよがりを回避しやすくなります。

6 リアルな思考から見えてくること

以下では、知的障害教育の現場でしばしば耳にするいくつかの話題を例に、「リアルの教育学」での思考を実際にしてみます。

○実社会に出ると支えはないので、一人でできるようにしなければいけない。

「社会は厳しい」という一般的によく言われる社会観に基づいて、他の支えなく一人でできるようにという指導がなされることがあります。すでに述べましたように、本来の自立とは、行き届いた支えがあってこそですが、支えをなくしていこうという実践は、現在も多く行われています。

その根拠が、「実社会に出ると支えがない」という認識です。この認識から演繹的に思考していけば、自ずと「支えがなくてもできるように」が到達目標になります。実社会での事実を見れば、確かにそういう側面はあると思います。社会は厳しいのです。

しかしその一方で、実社会には優しさもあるのではないでしょうか。優しさもあるという現実からの帰納的な議論が必要ですし、厳しさと優しさという両面を有している実社会像から、弁証法的に方向性を見出していくことも求められます。

筆者は現場で進路指導の末席で働いたことがありますが、筆者の勤務校では、支えのない社会に生徒を送り出したことはありません。進路担当の教師たちは、「この仕事ならできる」「この社長さんがいてくだされば大丈夫」というところを探して、進路支援していました。ほとんどの場合、卒業後、進路先の方々は、私たち教師以上の支えをしてくださいました。この経験からも、筆者は、実社会には支えがないという前提には直ちには立てません。

実社会に支えがあるという事実から帰納的に導かれるのは、実社会と同じように、適切な支えを、学校でも手控えずにしていくという方法論です。もちろん、余計なお世話的な支援やずれた支援は避けますが、適切な支援をしていくことは、実社会での確かな力の発揮に通じる営みを実現できます。

確かに実社会には厳しさがあります。ですから、そのことも弁証法的に考慮しなければなりません。子どもが精いっぱい力を発揮できる支援条件であれば、発揮された力は、その子の確かな力になります。支えの中で、確かな力を身につければ、その力は、今後出会う実社会での厳しさに立ち向かえる力にもなるのではないでしょうか。
○職場には補助具はないから、補助具なしで作業はすべきである。
実際の職場には補助具がないという認識が前提となる議論で、作業学習の場面等でよく指摘されるものです。しかし、この認識は、職場見学等を丁寧にしてみれば、多くは改められると思います。筆者は町工場のせがれですが、実際の工場には、職人自作の補助具がけっこうありました。

子どもたちの進路先となるであろう職場環境についての具体的知識を増やし、帰納的に結論を導いていくことが必要です。町工場に限らず、どの仕事でも慣れてくれれば必要なくなる支援があります。支援がその人に力をつけてくれるからです。そういう支援はなくなってしかるべきです。この事実から「補助具はあるべき」とは必ずしも言えないということも認識できます。「補助具は必要か、不要か」という議論を弁証法的に考えれば、子どもや子どもを取り巻く環境に即した多様な選択肢があり得ることに気づけます。
○子どもに生活のテーマが必要というが、実社会の仕事にはテーマなどない。だから、テーマなどなくても黙々と働く力を育てるべきである。
このイメージも一日中、機械で同じ部品を黙々と作り続けている町工場のイメージが教師に伝わった影響と思われます。しかし、町工場のせがれとして申し上げれば、職人さんたちは自分の仕事に夢やこだわりをもって、頑張っていました。町工場の職人さんたちのやりがいと手応えのある生活は、筆者の学校生活づくりの原体験になっているとさえ思います。最近は、下町の町工場を舞台にしたドラマもいくつか人気を博しています。その効果で、町工場での単純繰り返しの作業に夢がないという誤解は解けつつあるのではないかと期待するところです。

一方で、町工場の仕事には、何に使うのかがわからないで製作が求められるということもあるようです。その場合、見通しがもちにくい中、どのようにテーマをもって取り組むかは考えるべきことです。ここに弁証法的な思考が求められます。

教師が、町工場の職人と語り合う機会があれば、一方向的な演繹ではなく、帰納的・弁証法的な思考の可能性が広がると思います。

〇子どもは失敗経験で育つので、授業で失敗場面をつくるべきである。

失敗経験で育つということは確かにあります。しかし、失敗経験が子どもの心に傷として残る可能性があることも承知していなければなりません。失敗経験で育つからといって、直ちに失敗場面をつくるという演繹的な結論には慎重さが求められます。

授業の中で、教師が意図的に、子どもには伝えずに失敗場面を計画しておくという授業に接すると、実社会の中に、そんな失敗場面は存在しないと思わされます。会社でもどこでも、だれもが失敗しないようにと支え合っています。それでも起こる失敗は、大きな教訓になると同時に、その失敗を親身・本音で助けてくれる仲間の存在を教えてくれます。学校では、本来そういうよき仲間であるべき教師が、子どもの知らないところで失敗場面をつくっている場合があるのです。

教育には、一般論としては正しいことだからといって、直ちに教育に持ち込んでよいかは別のようなことがあるように思います。

7 「リアルの教育学」の求めるもの

最後に念のために確認しますが、「リアルの教育学」なる教育用語は存在していません。筆者が仮構したものに過ぎません。

しかし、「各教科等を合わせた指導」を展開していく上で、以上のような思考は大切だと考えています。

それは一つには、「各教科等を合わせた指導」を巡る戦後以来の議論には、時に閉塞的な議論が多くあると思うからです。演繹的な思考によって突き詰められた論が、現実的でなくなっていることも少なくないと思うのです。それだけ知的障害教育界において、「各教科等を合わせた指導」には、歴史的に高い関心が向けられてきたということでもありますが、だからこそ、一度多面的に考え直したいことも少なくないのです。その際に、論理に閉塞しない、リアルな視点は有効です。

もう一つは、これがより重要ですが、知的障害教育が目指すのが、子どもの「生活の自立」であるからです。子どもはリアルな実社会で生きていますし、生きていきます。そのためには教師もまたリアルな実社会を認識し、生きていなければならないのです。教師に限らず、一つの職業に就いてしまえば、実社会を広く見ることは難しくなります。だからこそ、できる限りリアルに思考することに心がけたいのです。

このことは、「各教科等を合わせた指導」に限らず、知的障害教育を実践する上で、広く共有したいことです。

あとがき

「まえがき」で述べましたように、本書は、昨今、現場で議論が活発化している「各教科等を合わせた指導」について、筆者が現場でお尋ねいただいたこと等から、論点を絞ってまとめました。

本書には、次に示しますように、いくつかの、すでに筆者が発表した論考を再掲、もしくは再構成したものも含まれています。

「Ⅰ　新学習指導要領時代の授業づくり」は、『植草学園大学／植草学園短期大学　特別支援教育研究センター　ニュースレターvol.6』（二〇一九年二月）に掲載した文章に、加筆したものです。「Ⅱ　歴史から考える『各教科等を合わせた指導』」「Ⅲ　『各教科等を合わせた指導』でテーマのある学校生活に」は、『特別支援教育「領域・教科を合わせた指導」のABC』（名古屋著、二〇一〇年、東洋館出版社）に執筆したものをベースに、加筆再構成しました。

また本文中の随所に、筆者の関わった図書等を参考文献としてあげていますので、よろしければ、それらもご参照くだされればと思います。

本文中でも紹介していますが、筆者の恩師である小出進先生が著された、『知的障害教育の本質―本人主体を支える』小出進著、二〇一四年、ジアース教育新社は、時代の大きな変革のうねりの中にある知的障害教育の今を鑑みますときに、ぜひみなさまにもお読みいただきたい一書です。

本書出版の機会をくださった、加藤勝博社長様はじめジアース教育新社のみなさまに心よりお礼申し上げます。ありがとうございました。

本書が、みなさまのお役に立てることを願っています。

そして、本書がお役に立てることがあったとすれば、それは恩師、小出進先生の教えゆえに他なりません。いくら年を重ねても至らぬままの弟子ではありますが、小出進先生への感謝の思いだけは、年を重ねて増し加わるばかりです。恩師への感謝の言葉を述べて本書を閉じます。

二〇一九年六月

名古屋恒彦

著　者

名古屋　恒彦（なごや　つねひこ）

植草学園大学教授。

1966年生まれ。千葉大学教育学部卒業、千葉大学教育学研究科修了。

博士（学校教育学 兵庫教育大学）。

千葉大学教育学部附属養護学校教諭、植草学園短期大学講師、岩手大学講師、同助教授、同准教授、同教授。2018年4月より現職。

全日本特別支援教育研究連盟副理事長、日本発達障害学会評議員・「発達障害研究」常任編集委員。

主な著書に、『生活中心教育戦後50年』（単著、大揚社、1996年）、『今を豊かに生活する』（共著、大揚社、2001年）、『生活中心教育入門』（単著、大揚社、2004年）、『テーマのある学校生活づくり』（監修、コレール社、2008年）、『基礎から学ぶ知的障害教育』（責任編集、日本文化科学社、2010年）、『特別支援教育　「領域・教科を合わせた指導」のABC』（単著、東洋館出版社、2010年）、『特別支援教育　青年期を支える「日常生活の指導」』（編著、東洋館出版社、2012年）、『知的障害教育発、キャリア教育』（単著、東洋館出版社、2013年）、『特別支援教育に生きる　心理アセスメントの基礎知識』（共編著、東洋館出版社、2015年）、『わかる！できる！「各教科等を合わせた指導」どの子も本気になれる特別支援教育の授業づくり』（単著、教育出版、2016年）、『アップデート！　各教科等を合わせた指導』（編著、東洋館出版社、2018年）、『［平成29年版］特別支援学校　新学習指導要領ポイント総整理　特別支援教育』（編集、東洋館出版社、2018年）。

植草学園ブックス
特別支援シリーズ7

「各教科等を合わせた指導」エッセンシャルブック

子ども主体の学校生活と確かな学びを実現する「リアルの教育学」

令和元年6月21日　初版第1刷発行
令和元年9月8日　第2刷
令和6年8月26日　オンデマンド発行

著　者　名古屋　恒彦
発行人　加藤　勝博
発行所　株式会社ジアース教育新社
〒101-0054 東京都千代田区神田錦町1-23 宗保第2ビル5F
TEL 03-5282-7183　FAX 03-5282-7892

印刷・製本　シナノ印刷株式会社
表紙デザイン　土屋図形株式会社
Printed in Japan
ISBN978-4-86371-504-2 C3037
定価は表紙に表示してあります。